人物叢書

新装版

伊藤仁斎

いとうじんさい

石田一良

日本歴史学会編集

吉川弘文館

伊藤仁斎寿像（伊藤東涯筆）

（天理大学附属図書館古義堂文庫蔵）

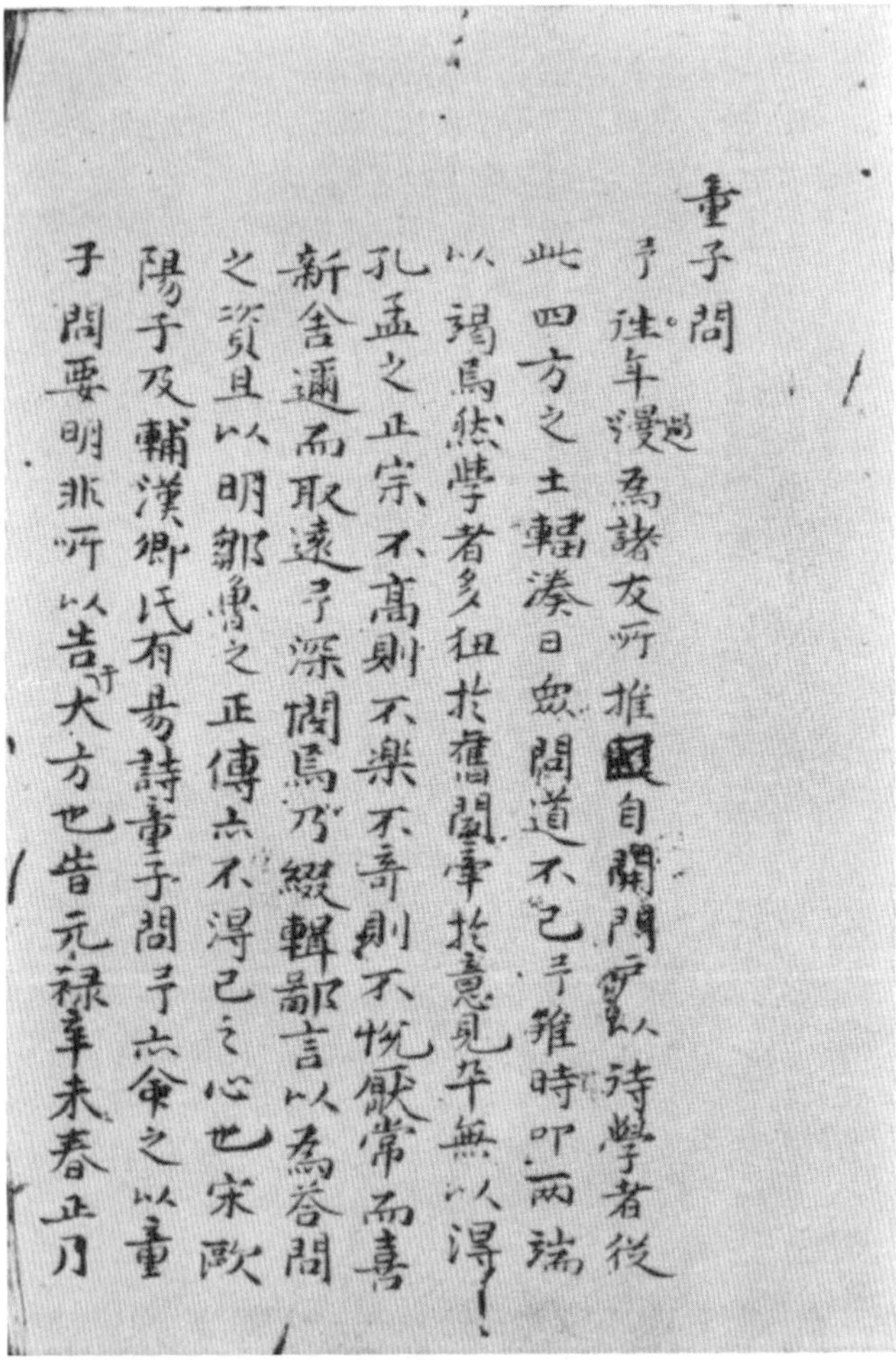

伊藤仁斎自筆『童子問』識語（元禄四年稿本）

（天理大学附属図書館古義堂文庫蔵）

はしがき

個人別分冊の人名辞典にしようという本叢書の企劃に従って、私はこの書物の中では伊藤仁斎についての正確な伝記的事実を報告することに私の仕事を限りたいと思う。即ち伝記的事実に即して認められる思想家としての仁斎の内面的生活やそれに根ざす彼の思想については、私の既刊の同名の書物（新潮社「日本文化研究」第五巻所収『伊藤仁斎』）に譲ることにしたいと考える。いわば私は二つの同名の書物で仁斎という一つの織物の表裏を示そうとするのである。かの書物が仁斎という織物の表面を示すものとすれば、この書物はその裏面をあらわすものといってもよいであろう。

私はかねがね歴史的にものを把えるということは、

(1) 事実的連関並びにその展開において対象をとらえること

(2) 意味的連関並びにその展開において対象をとらえること

(3)　作用的連関並びにその展開において対象をとらえること

の三つを組合せた構造体を通じて対象をとらえることであろうと考えている。私は前書において、意味的・作用的両連関並びにそれらの展開を強調したので、この書物では、事実的連関とその展開に重きをおいて仁斎伝を叙述して、仁斎研究の資料を提供しようと思うのである。

この書物を著わすために、私は奈良県天理市の天理大学附属図書館古義堂文庫並びに兵庫県養父郡大屋町夏梅の鎌田三郎兵衛氏所蔵の仁斎関係の未刊の諸資料を使用する。天理教真柱中山正善氏・天理大学附属図書館々長富永牧太氏・同館司書木村三四吾氏・元同館司書現九州大学教授中村幸彦氏並びに鎌田三郎兵衛氏の御高配に対し厚く御礼申し上げる。

昭和三十四年重陽

石田一良

目次

附録

口絵

挿図

第一　幼少時代

一　父系（幼年時代　その一）

誕生

寛永四年（一六二七）七月二十日、京都の堀川通勘解由小路上ル町に、伊藤七右衛門とその妻那倍との間に男の子が生れ、源七と名づけられた。（後に源吉、源佐と字す。）これが後年の大儒、堀川学派の祖、伊藤仁斎である。

近世の京都

源七が生れ育った寛永の頃は、そののち二百年間つづいた「近世の京都」の原型が、ようやく形成されつつある時であった。先に幕府は「禁中並に公家諸法度」を制定し、所司代を設け、武家伝奏をおいて朝廷を拘束したが、源七の生れる前年の寛永三年には、将軍秀忠は家光を伴って大軍をひきい行装を整え綺羅を飾って京都に上り、二条城に後水尾天皇を迎えて大いに武威を誇示したのである。そして寛永六年には例の紫衣一件の事があり、数十枚の綸旨を反故として幕府の法度にそむいた僧侶の出世を止め、勅許の紫衣を奪って幕府の権力を示すと共に、京都の朝廷に政治的実権のないことを世に示そうとした。十月には武力をもって先例のない家光の乳母春日局の天皇拝謁のことを強行した。天皇は十一月に至って幕府の許可を求めず突然に譲位し、武家伝奏中院通村は責任を問われて関東に幽閉された。源七が三歳の時のことである。このように徹底的にそして露骨に京都に武威を加えた家光は、源七が八歳の寛永十一年に再度上洛して二条城に入り、関東の威光を耀やかすと共に、京都市民に上洛の祝儀として銀十二万枚を配り、恩と威の併わせ出るところを承知させようとした。源七の父もまた家持ちとしてこの金を頂戴したことと思われる。寛永のころはこうした事件を経て、後に熊沢蕃山のいうように、「威も力もなき」「天子は唯やはらかに上におはしまし」、「昔は武家より御気遣も有べき事なるが、今は何の用心もない」京都につくりかえられて行く時であった(『三輪物語』)。

これに反して、江戸においては、封建的諸施設が進むと共に、徳川氏の威光はますます高まった。源七が三歳の寛永六年には武家諸法度が改正せられ、六歳の寛永九年には秀忠が歿すると家光は諸大名を試み、十年には軍役の制を定めた。十一年には譜代大名の妻子を江戸に置かせ、十二年にはついに諸大名の参覲交替の制を定めた。源七が九歳の時のことである。

幼児源七に対する京都の影響

源七の幼年時代はこのように江戸の権威が高まる反面に、ようやく政治力を失って京都が「新しい町」に作りかえられつつあった時である。

仁斎歿後、仁斎の長子東涯が著わした『古学先生行状』(仁斎伝)には、仁斎は「幼にして深沈にして競はず。常児に異ることあり。」と記されている。即ちしっとりとおちついて人とあらそわない子供であったというのである。このような性格の小児にこのような時勢が如何なる影響を与えたかは、伝記的史料によっては知り難いが、晩年に仁斎が王覇の別を次のように説いているあたりに、その影響を想像することが出来るように思われる。即ち、仁斎は『論語古義』の中で、「民は由らしむ可く知らしむ可からず。」という孔子の有名な言葉に独自の解釈を与えて、

此れは民を治むるの道は当さに（中略）其れをして自ら吾が陶冶の中に由らしむべく、若し彼をして恩の己に出づるを知らしめんと欲すれば則ち不可なるを言ふ。孟子曰く、〝覇者の民は驩虞如たり、王者の民は皞皞如たり。〟（中略）民日に善に遷りて之れを為す者を知らず。蓋し由らしむべくして知らしむ可からざるは王者の心なり。之れを知らしめんと欲するは覇者の心なり。此れ王覇の分るる所以か。

と説いている。仁斎は『孟子古義』の中で、いわゆる驩虞とは歓娯と同じく、皞皞とは広大自得の貌であるといい、「覇者の政は造為する所あってその功が見易いので、民は常に支配者の存在を意識し、支配者の恩恵を感謝し、生活を歓娯んでいる。それに対し王者の民におけるは民と相忘れ、民は王者の徳のうちにあっ

て各々その所を得ながら、しかもこれを為す所以（王者の存在）を知らない。故に広大自得の貌（かたち）でいる。」と解するのである。これには幕府が京都に恩威を並び施し、その源を京都の市民に銘記させせようとする態度に対する京都市民の反撥（はんぱつ）が学説化されているように思われるのである。

生家についての資料

さて、仁斎の生家について、学界は未だ確実な史料に基づく詳細な紹介をうけていない。加藤仁平氏が仁斎の生家について述べるに当ってその書物（『伊藤仁斎の学問と教育』）の中に用いた史料は、仁斎より三代目の伊藤東所（とうしょ）の五男に当る伊藤弘充が嘉永五年本家の甥、即ち伊藤家六代目の輶斎（ゆうさい）（光重）に対して遺言のつもりで書き与えたという『家訓大略』や、輶斎の自筆になる『伊藤家系譜』であって、これらはいずれも仁斎を隔たること遙かに遠く、史料的価値の低いものである。そのうち前者が伊藤家伝説ともいうべきものを含んでいることは、附録第一に述べる通りである。

仁斎の生家について最も信じうる史料は現在天理大学附属図書館「古義堂文庫」所蔵の仁斎の長子東涯自筆の『家系略草』『家世私記』であって、これを補うものは、仁斎の母里村那倍(なべ)の自筆『万覚帳(よろづおぼえちゃう)』、仁斎自筆の『諸事覚帳』や梅宇(ばいう)（仁斎の第二子）の『見聞談叢』であろう。とりわけ『家系略草』は東涯が父仁斎がなくなった宝永二年（一七〇五）に著わし、『家世私記』に収める「曽祖考了慶府君改葬記(そうそこう)」は宝永五年に作製したものであって、おそらく伊藤家の家系を知る現存の史料としては最も確実なものと思われる。今これらの信憑(しんぴょう)すべき史料を中心に、古義堂文庫所蔵の東涯自筆の『伊藤氏族図』、第五代東峯（弘斎）自筆の『伊藤宗家系図』、第六代輶斎（光重）自筆の『祭日記』・『伊藤家系譜』・『伊藤家由緒書』・『伊藤氏旧昏媾略系図譜』、筆者未詳の『伊藤氏系図』や弘充の『家訓大略』等を参照して、仁斎に至る家系を説明したいと思う。

伊藤家の先祖は輶斎（光重）自筆の『伊藤家由緒書』によると、後奈良天皇の天文(てんぶん)

年中（一五三二〜五四）に世々和泉の堺（大阪府堺市）に住む豪族であって、仁斎より四代前の道慶は天正四年（一五七六）四月に歿した。生年や諱・字は判らないという。筆者未詳の『伊藤氏系図』には長弘とあるが、同書がその子の了雪を長光と称していることと共に、にわかには信じ難い。というのは、東涯自筆の『家世私記』には「皆其の名称を失す」と記しているからである。

祖父了慶

さて東涯自筆の『家系略草』には道慶の住所は記されていない。また次代の了雪に並べてその妻の妙清を記し、その左側に「右世住和泉国堺津」と記しているのは、多分了雪が堺の住人であったという意味であろうと思う。ついで仁斎の祖父の了慶の条には諱を長之、字を七郎右衛門といって、代々摂津尼ケ崎（兵庫県尼崎市）の豪族である長沢道林の子として永禄四年（一五六一）に生れ元和元年（一六一五）に歿したが、外戚の関係で堺の伊藤了雪の養子になった、と『家系略草』は記している。宝永四年（一七〇七）に刊行された『古学先生行状』の中でも東涯は同様に記している。ところが宝永五年に了慶を改葬した際に東涯が作った「曽祖考了慶府君改葬記」(自筆本『家世私記』所収)には、伊藤家の先祖は累代摂津の尼ヶ崎に住んでいて、了慶の実父の長沢道林は代々和泉の堺に住む豪姓であって、了慶はその子として元亀元年(一五七〇)堺に生れ、寛永元年(一六二四)京都に歿した、成長して後に伊藤了雪の養子となって堺から尼ヶ崎に移った、と書かれている。伊藤家の出身地が堺・尼ヶ崎のうちのいずれであるかは、これだけの史料では判断しかねるが(後世伊藤家では『家系略草』の堺の説をとっているが)、東涯自身にとっても彼の曽祖父についての所伝がこのように曖昧であったらしく、僅か二年を隔てて全く違った所伝を記している有様である。このことは仁斎自身が家の歴史に無関心であって、長子東涯にも祖父の出身地を明らかに語らなかったからであろうと思われる。仁斎の人柄や学風を考える上に注意してよいことであろう。

了慶の上洛

さて天正四年(一五七六)に了慶の祖父の道慶が歿したが、その頃は摂津・和泉の地方に戦乱がうちつづいたので人々は「生業を失った」という。日本史年表を繰ると、天文の初年には大坂石山の本願寺がしばしば諸大名と戦って、この地方に戦禍の及んでいる事実を知ることが出来る。伊藤家もこのような戦に巻きこまれて産を失ったものと考えられる。いずれにしても戦争によって「生業を失った」人々の中に含められるとすれば、伊藤家は武士でなく商家であった筈である。天正十四年了慶は、十八歳の時に、単身京都に上り佩刀・器什を売ってついに堀河通勘解由小路上ル東側（堀河通下立売上ル町 即ち東堀河四丁目）に家を求めて商売を営んだ。天正十四年といえば豊臣秀吉が京都東山に大仏殿を建立しようとして諸方に材を徴し、また太政大臣となって豊臣の姓を天皇から与えられた年である。翌十五年には大いに聚楽第を修築してこれにうつり、また北野に大茶会を催した。またこの年に天正通宝を鋳造している。こえて十六年には聚楽第に天皇を迎え、大小判金を鋳造し、十七年には方広寺の大仏を造営した。ようやく天下泰平の兆が著るしくあらわれて経済界も安定し、京都の町々がいよいよ繁栄に向うときにあたっていた。了慶の営業も順調に発展したものと思われる。

『家系略草』には「生理を営む」といい、『家世私記』には「興販作レ家」と書いた後に、「癈著作レ家」と書き改め表現を調えている。時勢に乗じて商売を営み大いに産をなした了慶は、東堀河四丁目の家のほかに近所の丸太町通り南側に家をもち、また堀河通西側にも別宅を構えるまでになった。

このようにして財産をつくった了慶は故郷の摂津尼ヶ崎から妻伊登（いと）を迎えた。慶長の初めの頃と思われる。妻伊登の父は池田武蔵守の家来の榎本（えのもと）新右衛門直治（なおはる）であった。彼は初め本願寺に寓していた池田武蔵守を奉じて池田輝政に仕え、大坂の役には武蔵守が尼ヶ崎城を守ったときに大いにその経営につとめたという。仁斎の次男梅宇の『見聞談叢』には備前の池田少入（しょうにゅう）公に仕えている時、詰所の居所を寸分もちがえぬ行儀正しい人であったので、人々はその詰所の柱を新右衛門柱と称した、後、故あって立退き京都の東門跡に寓した、と記している。晩年に空心居士と号して小銃を数多所持していたが、久世三四郎（柘植三之丞とも伝う）を通じて徳川家康に二百余挺（一説百余口）を献上した、東涯の時代にもなお新右衛門筒といわれて二条城に蔵せられていた、という。この新右衛門の娘が了慶の妻で仁斎の祖母に当る。

祖父了慶の教養

了慶は平生連歌を嗜み、兼ねて妙心寺の大化・一沖等の諸僧に参禅し、彼らを師として常に相い親しんだ。寛永元年（一六二四）七月五十五歳で歿したが、彼の辞世の和歌には禅の教養を思わせるものがある。今日、古義堂文庫に「了慶府君辞詠歌」と東涯が箱書きした紙本一幅があって、それには、「いそぢあまり柴の庵のすまゐして、うれしやいまぞ宿をあけける」とある。また了慶は諸子に学問をさせようとしたが、適当な師がなかったので恕庵という医師について学ばせたが、ついに子供達の学問が成就しなかった、了慶は常にこのことを残念に思っていた、という。子孫に大儒の出る因縁がここにきざしたといってよい。了慶が連歌を好むについて、師と仰いだものは、おそらく、了慶の住居を北に隔たること数町の鷹司通南側、堀河東入ル町、後の紹巴町に住む里村紹巴・玄仲父子であったろうと思われる。この想像を助けるものは、了慶の死後、次男の了室(仁斎の父)が紹巴の孫娘(玄仲の娘)の里村那倍を娶った事実である。また了慶が学を好みその子を学ばせて学問の成就しなかったことを残念に思ったということは、了室が朱子の『四書』・『語録』・『或問』・『近思録』・『性理大全』等を家に蔵していて、それが後年源七の儒学研究の無二の教科書となったという事実によって確かめられる。

さて了慶の長子は了心といい、諱は正之、字は父と同じく七郎右衛門と称し、丸太町堀河東南畔の家を貰って住み、おそらく家業をついだものと思われる。父の志を継いだのか、その子の正知(道恩)を松永尺五について学ばせた。正知は後に医師となった。

父了室こと鶴屋七右衛門

次男の了室(仁斎の父)は諱を長勝、字を七右衛門と称し、堀河通西側の別宅に生れ、父の家(東堀河四丁目の本宅)を譲られてそこに住んだ。源七の祖父了慶が家を興した商売が何であったか、またその子の了心・了室兄弟が父の業を継いだかどうか、確かなことは後に述べるように、全く明らかでない。附録第一で述べるように伊藤家は鶴屋という屋号をもつ商家であるが、了慶の孫の代に長男家は医者となり、次男家は学者となったことから判断して、了慶の子供達は家業を継いだとしても営業に不熱心であったか、或いは間もなく廃業したか、そのいずれかであろうと想像される。

叔父直之

さて了慶の三男は諱を直之(後に直輝)といって、前述の了慶の妻の父に当る榎本空心斎新右衛門直治の養嗣子となった。新右衛門は男子がなかったので娘伊登と了慶の間に生れた外孫の長勝(仁斎の父)と直之を養子としたが、直之を嗣子とした。直之は後には無三と号して播州新宮(兵庫県揖保郡)に住んで、池田(武蔵守)治左衛門重政に仕え、（治左衛門の父は本願寺按察法印下間頼龍の子の重利で、舅池田輝政に属して姓を池田と改め、徳川家康より播州揖東郡内壱万石の地に封ぜられた。その子が重政で、重政に二子あり、次男が治左衛門重敬で彼は兄邦照の若死の後をうけて池田家を継ぎ、揖東郡内三千石の地を賜うたという。）（『寛政重修諸家譜』巻第二百五十四）重政の妹の寿仙院を妻としたが、嗣子が得られなかった。東涯の記すところによると、無三は「禄五百石」とあって、相当身分の高い武人であったらしい。

伯母いと叔母某

さて長女のいと（仁斎の父長勝の姉珠慶、『寿玄日記』）は三条の山田七右衛門に嫁し、源七より五つ計り年上の善太郎をもうけた。善太郎は後に榎本無三の養子となって、甚右衛門と名乗り、老年に及ぶまで仁斎と親しく交わった（「伊藤家系図」）。また妹娘（直之の妹妙正）は五条室町の吉田平兵衛（一説平右衛門）に嫁いだが、平兵衛が喜斎と号した所を見ると、この吉田家も相当富裕な町家であったのであろう。その子孫は東涯の『家系略草』を著わした宝永の初年には東本願寺の境内に住んでいた。

了慶の所務分

了慶は妻の伊登が歿して後に後妻として大原村の久保亀(かめ)を娶(めと)ったが、彼女に子供は生れなかったらしい。了慶は寛永元年七月五十五歳で歿し、京極の信行寺に葬られた。この了慶が子供達を仕末したやり方について思い合わされるのは、時代は少し下るが西鶴が『世間胸算用』の中で京の町家の慣習を記して、

> 所務分(しむわけ)の大法は、たとえば千貫目の身体なれば惣領に四百貫目、居宅(ゐたく)をつけて渡し、二男に三百貫目、外に家屋敷を調(ととの)へ譲り、三男は百貫目つけ他家へ養子につかはし、もし又娘あれば三十貫目の敷銀に二十貫目の諸道具拵(こしら)へて我が相応より軽しき縁組よし（藤井乙男『西鶴名作集』）。

と述べていることである。伊藤家が千貫目の分限であったというわけではないが、了慶の所務分のやり方が大体西鶴のいう所にも近いことを思うと、了慶の代には伊藤家も相当裕福であったものと想像される。

父了室の妻里村那倍

さて源七の父の了室は諱(いみな)を長勝といひ、字(あざな)を七右衛門と称した。その妻の那倍(なべ)は里村家から嫁(とつ)いで来た。里村家は代々連歌の宗匠として名高く、伊藤家より一

町半計り北東の下長者町通堀川東入ル町（紹巴町）にあったので、おそらく連歌を好んだ了慶やその子の了室が連歌の上で里村家と関係があって那倍との結婚も行われたのであろう。那倍の姉は代々京都に住む名医でその父が後陽成上皇の御脈を診たという大須賀快庵に嫁し、那倍の妹は当時京都における有名な蒔絵師で東宮の御道具を請合う程の田付家に縁づいた。――これらを想うと伊藤家は田付や大須賀とも肩を並べうる、里村の家とも不釣合でない程度の家柄であったらしい。

父了室の教養

そして祖父了慶や父の了室が連歌の席で里村玄仲・玄祥らと同席したであろうことは推測に難くないが、父了室も、当時の京都の所謂仕舞多屋の市民にすべて内在していた貴族的な教養への愛着をもっていて、儒学についてもいくらかの理解のあったことは先に述べた所である。彼は朱子の『四書』や『語録』・『或問』・『近思録』・『性理大全』等の書を所持し、里村紹巴やその子の手蹟を大切に保存していた。また長男の源七（仁斎の幼名）をして十一歳の時に師について句読を習わせたことや、また源七の詩が「長老の為に記せられ」(『行状』)たと伝えられるように、長老といわれうる人々とも交際のあったこと等によって、このことが推測される。富家の子弟で後に京都詩壇の耆宿となった伊藤宗恕が仁斎と「同宗」であることもここに考え合わせられる(『先游伝』)。

少し遅れるが仁斎の母の『日次記』によると、寛永十九年の暮に(時に仁斎十六歳)七郎右衛門や播州の榎本新右衛門や主馬助(無三)、五条の平兵衛、三条のいと、との間に歳暮の贈物を交換しているのを見る。

父方の親戚

これらによって少年源七が父方の親戚から彼の幼い魂に何程かの影響をうけたものは、遠く播州にあって関係の比較的稀薄な榎本家を除けば、全く寛永頃の京都町人の世界でありその雰囲気であったことが判るのである。この事実もまた仁斎の人格や学問を知る上の資料となるであろうと思われる。

二　母　系（幼年時代　その二）

外曽祖父里村紹巴

源七の母那倍（なべ）は先にも述べたように里村氏の出で、父は法眼里村玄仲、祖父は臨江斎里村紹巴である。東涯自筆の『家世私記』に収められている「先祖妣寿玄孺（じゅげんじゅ）人（じん）里村氏墓記」によると、「紹巴は南都の人であった。幼い時から天下に名を成そうという心があって、村の社に禱（いの）ったという。奈良の興福寺の明星院にいたとき、連歌の宗匠周桂が訪ずれたので、これに従って夜その寺を逃げ出した。後に連歌の宗匠として天下に有名になった。明智光秀の乱の時、陽光院の宮（皇太子誠仁親王）が二条の御所にあって立ちのこうとしたが、急場のこととて乗輿（じょうよ）がない、たまたまその門を通りかかった紹巴が自分の輿をすすめた、その功で法印の位を与えられたが彼は受けなかった。後に豊臣秀吉が秀次を自殺させた時に紹巴も連坐して三井寺に三年間廃居させられ、その家資（かし）は里村昌叱（しょうしつ）に与えられた。紹巴には二子があって、兄が玄仍（げんじょう）、次弟を玄仲（げんちゅう）といい、共に世業（せぎょう）をついで有名であったので、時の達官士庶（たつかんししょ）が争って崇重（すうちょう）した。」と記している。紹巴は寛永十五年二月に歿して大徳寺正受院に葬られた。「居宅（かたく）は下長者町堀川東へ入る南がはにあり。その家、子玄仲、孫玄祥、玄祥の子紹兆（せうてう）まで伝れり。」と梅宇の『見聞談叢』に記されている。那倍は慶長十四年、玄仲の娘としてそこで生れたのである。

里村家の文化的活動

源七が生れた寛永四年には那倍の父の玄仲が五十歳、兄の玄祥が二十三歳であったし、母の叔父の玄仍（げんじょう）は既に歿したが、その子の玄陳（げんちん）が三十八歳、玄的（げんてき）が三十五歳で、里村北家としてもその文化的活動の最も旺盛な時に当っていた。当時、玄仲は幕府の御連歌師として重きをなし、「花の本（はなのもと）」の禄をうけていた。また里村南家も昌琢（しょうたく）以下一門の活動があり、南北二家は京都において堂上・地下（ちげ）の間を周旋し、連歌の席もしばしば催された時であった。そして連歌が社交的な芸能であっただけに、貴紳・富商・専門文化人（儒者・医師・文人・画家等）の里村家へ出入りの繁かったことが想像される。

その上、那倍の母（仁斎の外祖母）、即ち玄仲の妻は吉田（角倉）易安（宣徳院法印宗恂）の娘であった。東涯の『家世私記』によると、易安は時の名医で、医学に精しく、かつて天龍寺の策彦に従って入明したことがあり、東涯在世当時の大工が使う鉋は彼が明国から将来したものである、『名医伝略』という書物を著わし、世々医を業として、徳川家に仕えて、その名をおとさなかった、という。しかしこれは東涯の記憶の誤りで、入明したのは宗恂（易安）の父の宗圭（意安）である。また伊藤梅宇の『見聞談叢』に、玄仲の室は江府（江戸）の御医者吉田易安の娘の妙玄院で、吉田易安は京都角倉吉田甫庵の子である、とあるが、これも梅宇の記憶ちがいで、吉田易安は甫庵の子ではなく弟に当る。

外祖母の生家角倉家

角倉家というのは所謂京都三町人の一人として、高度の文化的教養を持つ富裕な一族であった。寛永十九年の那倍の『日次記』によると、蜜柑百が二尊院から送られている。吉田家が世々二尊院に帰依していた関係から、吉田一族である那倍も同じく二尊院に葬られたが、これらを思い合わせると、幼児源七に角倉一族の文化的な雰囲気が何ほどかは及んでいたことと想像される。

外戚大須賀家

また那倍の姉は大須賀快庵の妻となった。大須賀家は代々京都に住んで名医として名高く、快庵の父は慶長年中に後陽成上皇の御脈を診たが、快庵もまた世守を失わず、名医の評判が高かった。小倉の小笠原侯に仕え、寛永十四年(仁斎十一歳)に島原の乱に選ばれて従軍したが、後に京都に退隠して、八十余歳で歿した。東涯は「君子位中の人なり」とその人格を称えている。源七がやや成長して後に、この快庵から儒学の手ほどきをうけたことを思うと、大須賀・伊藤両家の間には源七の幼時より親しい交際のあったことが想像される。

外戚蒔絵師田付家

また那倍の妹は『京羽二重』にも載せられた当時の京都における有名な蒔絵師田付常堅の妻となって、源七が七、八歳のころ常甫(恕報とも書く、後素庵と号した)を生んだ。常甫は「文学のこころ」（学問への志）もあり、また後年義政時代以来の硯蓋の絵のかき様の秘伝について語った話が『見聞談叢』に伝えられている。彼は元禄の頃に東宮の御用をうけたまわった。田付家は社会上また芸術上、高い位置に在った蒔絵師であった。今日、古義堂文庫に後素庵常甫筆の「漁父図」がある。「宝永二年歳在㆓乙酉㆒穐七月既望（十六日）」に東涯が父仁斎の漁父の詩を賛してその所以を記し、画の筆者も賛を乞われた父も共に既に世に亡し、と記している。両人の交わりを知る資料である。仁斎が老年にいたるまで常堅・常甫父子と親しく交わっていることは、幼年時代からも深い交際のあったことを想像させる。

母の友人狩野雪信

また那倍の友人には狩野（清水）雪信という女絵師があった。『扶桑名公画譜』や『画乗要略』によると久隅守景の女で探幽の姪孫に当り、閨秀作家中の第一と称せられたという。十七歳より絵に興じて法眼（探幽であろうか）のもとに通っていたが、法眼の家へ尼ヶ崎の仕官の子で絵の修行に来ていた男と通じ、母に叱られて家をとび出し、その男と「別宅をして」絵を画いて渡世し、後には甚だ繁昌したが、尼ヶ崎で歿したと、梅宇の『見聞談叢』に書かれている。井原西鶴の『好色一代男』の中にも、

昔の人の袖の薫より今の太夫（島原、上ノ町上林五郎右衛門抱の遊女）勝りて、上林の家の風をぞ吹かし侍る。殊には衣裳の物好よき事はよしと人はいふなりと素仙法師（この頃の通人）の語りぬ。万づの花かづらも秋こそ勝れと、白繻子の袷に狩野の雪信に秋の野を画かせ、これによせての本歌、公家衆八人のめいめい書き、世間の懸物にも稀なり。これを心もなく着る事、如何に遊女なればとて勿体なし。とは申しながら京なればこそ、薫なればこそ、思ひ切つたる風俗と、随分物に驚かぬ人も見て来ての一つ咄ぞかし。

と書き残されている。公卿衆とも交際し、彼等と共に遊里にも出入したらしい、当時での近代女性であった。那倍はこの雪信が描いた「西王母が鉢に桃をもりてもちたる画」を持っていた。梅宇に雪信の話が伝えられている所を見ると、おそらく那倍は幼い源七に雪信の若き日の恋愛談を語り聞かせたものと思われる。

那倍は所詮、富裕な町人と公卿との構成する当時の社交界の雰囲気の中で育ち、その香りを身につけた人らしく、闇斎の母のような論理的重くるしさや道徳的硬直さは持ち合わせていなかった(『闇斎先生事蹟』)。彼女は源七に、闇斎が最もいやしんだ恋愛の話を聞かせたり、町見物や芝居見物に伴ったりしている。また生来巫祝禨祥の事を信じない人であったという。さてこうした自由な文化人的な雰囲気を濃厚に漂わせていた里村家は、伊藤家より北東僅か一町半ばかりの所にあった。家に祖父母のない源七は、外祖父母のいる里村家をしばしば訪ずれたことであろう。そして彼らから曽祖父里村紹巴や角倉易安の物語、更には当時の公卿・富商や芸術家・学者の話を聞いたであろう。(梅宇の『見聞談叢』に里村家の伝承を記して「色々の咄共きき伝へたれども、雑談の様に思ひ、逐一かきつけをかざること臍をかむ」と述べているが、「序」の文章から判断すると、父仁斎からも聞いたように思われる。)またそのような種類の人々が里村家に出入して会合するのを実際に目撃したであろうと思われる。

母方の親戚

　源七の幼い魂に強い影響を与えたものは、父方よりはむしろ母方の親族であった。先の父方の親戚が殆んど町人の世界にあったのに対し、母方の親戚は当時の京都において公卿・富商の間を周旋する高級文化人の世界にあったのである。こうした仁斎の幼時の生活環境が、後年富裕な呉服所尾形宗柏（その母は光悦の姉）の子の医師元

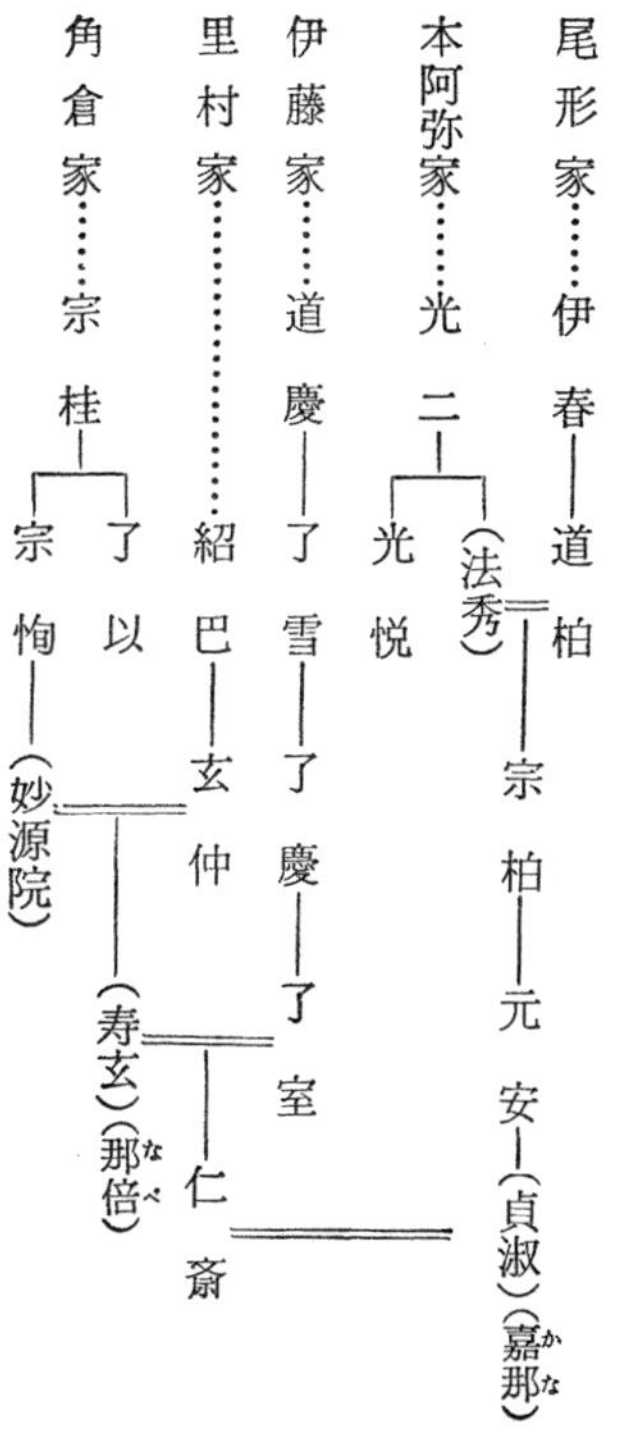

安の娘で、その従兄に尾形本家の富商元真、その従弟に名儒尾形宗哲、大芸術家尾形光琳・乾山をもつ尾形嘉那を娶らせることになったように思われる（仁斎と尾形家との関係については附録第二を見られたい）。

これらの事実は、仁斎学の性格を考える上に大きな意味をもつであろう。こうした生活環境からは、山鹿素行や荻生徂徠の学問のように「軍人」にして「政治家」である武士の学問はおそらく生れ得ないであろう。

三　教　養（少年時代）

『古学先生行状』に、「甫めて十一歳、師に就いて句読を習ひ、初めて大学を授かり、治国平天下章を読みて〝今の世亦許くの如き事を知るもの有らんや〟と謂へり。」とある。『先哲叢談』は、「其の始めて句読を習ひし時、意已に儒を以つて一世に焜耀せんと欲す。」と説明している。

また『行状』には、「既にして稍々詩を属し、語を出だすこと凡ならず。衆共に嘆異す。」とある。仁斎も後年当時を回想して、「余髫齓（垂れ髪をして歯の抜けかわる年頃）より既に志斯道（孔孟の学）にあり。然れども俗学に困しみ詩文に溺れ、進むを得ざるもの亦幾歳なりき。」と述べているが（『敬斎記』）、ここに後年の「文に骨折る」学風の萌芽を見るのである。また別の回想の中で、既に十五―六歳で「始めて古先聖賢の道に志し」（「送片

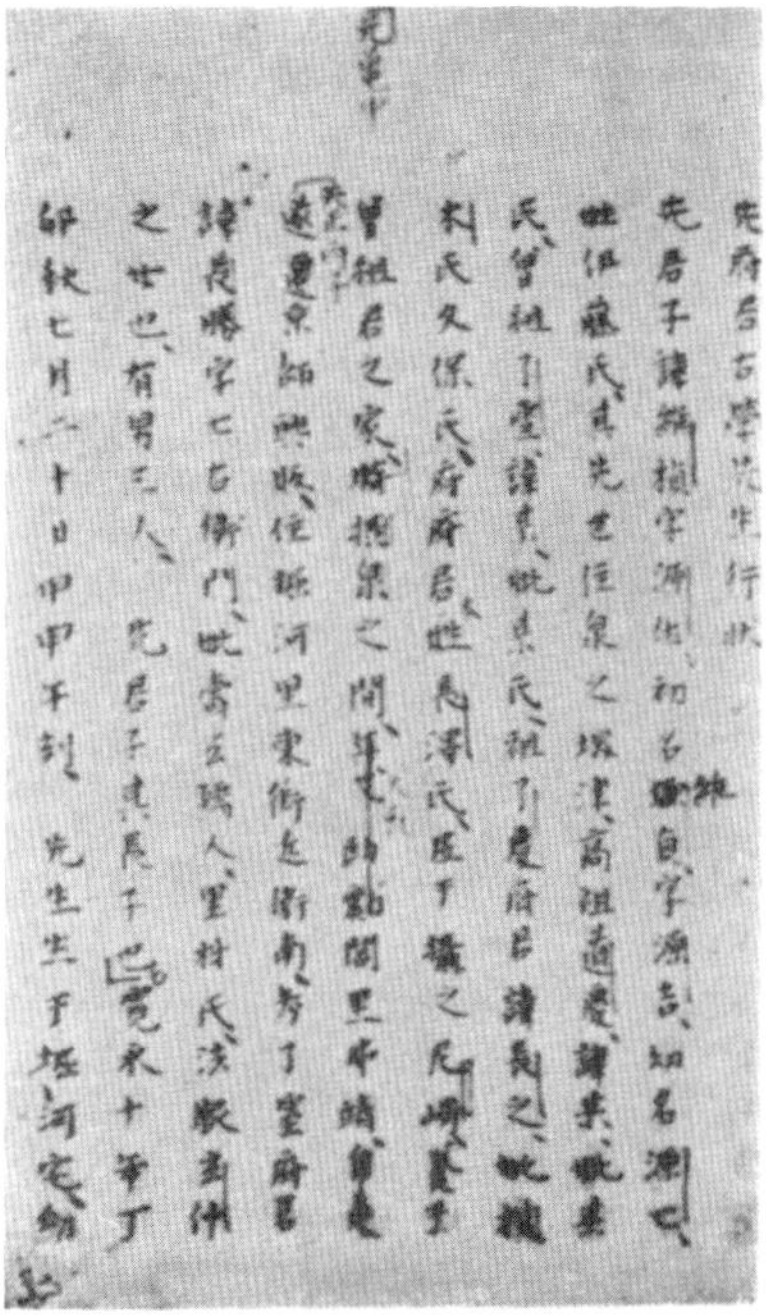

伊藤東涯自筆『先府君古学先生行状』
（鎌田宣三氏蔵）

岡宗純還柳川序」）、十六―七歳で「聖門徳行の学」を修めようと決心した（『同志会筆記』）、と述べている。正保二年（一六四五）十九歳の時、父につれられて琵琶湖に遊び、

古来云此水、一夜作平湖。
俗説尤難信、世伝詎亦迂。
百川流不已、万谷満相扶。
天下滔々者、応憐異教趨。（『行状』）

と詠じ、また園城寺の絶頂に登って、

山行六七里、往到杳冥中。
船遠間々去、天長漠々空。
嶺環邨落北、湖際寺門東。
男子莫空死、請看神禹功。（『行状』）

とうたった。『先哲叢談』は「識者此れを以て其の志の存する所を知る。」と説明している。

松永尺五の講習堂に学ぶ

この頃、松永尺五は加賀（石川県）の前田家から致仕して京都に帰って来た。時の京都所司代の板倉侯が学問を好みしばしば尺五を招いて講義を聞いたが、ついに堀川に土地を与えて講習堂を建てさせた。慶安元年（一六四八）源七二十二歳の頃のことであった。石川丈山が燕賀（人の家の落成の祝賀）の詩を送ったが、その小序に、「幸に此地を得る、天を去ること尺五なり、謂つべし、栄路の階にして吉祥の宅なりと。」と述べている。後に仁斎の親友となった宇都宮遯庵や安東省庵もこの頃講習堂に学んだようで、後年に遯庵は当時の盛況を回顧して、「往昔門人聚ること雲の如し。」と詠じている。源七もこの頃に講習堂で尺五の講義を聞いたものと思われる。梅宇の『見聞談叢』に、「古学先生（仁斎）も若年の時、一両度昌三子（松永尺五）の講をきける由をの玉ふ。」と記している。従兄の正知（道恩）が尺五の門に学んで儒医となったことは先に述べたところである。おそらく同じ頃、従兄弟共にこの塾で席を並べたこともあったであろうと思われる。

第二　青壮年時代

一　隠　棲（青年時代）

仁斎は後年「送ニ浮屠道香師一序」の中で当時の好学心について次のように語っている。

好学心

余少時甚だ学を好んで寝食を忘る。百事を廃して唯学にこれ耽り、名の為に進まず、利の為に務めず。立つときは其の前に参るを見、居るときはその席に迸るを見る。凡そ飲食談笑、出入応接、野遊郊行、山を望み水を瞰め、暨び里巷の歌謡を聆き、市上の劇場を観るも、機に触れ事に随ひ、挙げて皆な吾が進学の地に非ざることなし。自ら以為らく、吾性は愚魯にして百も称するに足らず。然れども学を好むの一事においては、聖人と雖も亦敢へて譲らずと。その自ら信ずること此の如し。

生家の衰運

先に述べたように源七の生家「鶴屋」の家業が何であったか、また父の七右衛門が祖先の業をついで営業していたかどうかは全く判らないが、このように源七の向学心が燃え始めた頃に、家運はようやく衰えを見せて来たようである。仁斎は後年次のように回想している。

吾れ嘗つて十五六歳の時、学を好み、始めて古先聖賢の道に志すこと有り。然り而して親戚朋友、儒の售れざるを以つて皆曰く、医を為すこと利なりと。然れども吾が耳聞かざるが若くして応ぜず。之れを諫むる者止まず、之れを攻むる者衰へず。親老い家貧しく、年長じ計違ふに至りて（この言葉は文字通り取られてはならぬ。後に彼が我意を貫徹して七年間松下町に隠棲生活を送り得るほど、彼の家は財政的に余力を残していたのである。）義を引き礼に拠り、益々其の養を顧みざるを責む。理屈し詞窮りて佯り応ずる者亦数々なり。時に我が従祖（榎本新右衛門直治）播州より来たる。往いて之れを見るに、拒みて納れず。蓋し吾の業を改めざるを怒るなり。親戚傍より之れを解き、而る後に始めて見ることを得たり。我を愛すること愈々深き者は我を攻むること愈々力む。其の苦楚の状、猶ほ囚徒の訊に就くが如し。箠楚前に在り吏卒傍に在り、迫促訊問して応ぜざる能はず。然り而して吾が学を好むの篤く志を守るの堅きを以て、而る後に今に到ることを得たり。
（「送片岡宗純還柳川序」）

好学の心に燃えた源七には、「報を求めて技を鬻ぎ営々汲々として衣食に奔走」し、「足を権門に濡し肩を当塗に脅し、依阿淟涊（こびへつらい）し、人の資を利すること猶ほ巫祝の糈を利とするが如き」（『紹述先生文集』巻一「贈山下自白帰懸河序」）医師となることは、富豪貴顕の幇間となって自己を失うことのように思われて、どうしても承服出来なかった。『行状』は「催督甚だ苛なるも先生聞かざるが如し。」と記している。後年、侍養する人がないというので高禄の招聘をも辞退し、また臨終の母から、その孝養を合掌して感謝された仁斎も、当時は「我を愛する事深き者は則ち我が讐なり。」とさえ思ったと、後年の回想の中で述懐している。

朱子学へ傾倒

源七は家人・親戚の反対を押し切って学問に没頭して行ったのである。仁斎は後年に回想して、十六―七歳の年に宋儒の学に志して、初めて朱子の『四書』を読んだ時、それらは訓詁の学にすぎず、「聖門徳行の学」でないと思ったが、十九歳の時に『李延平答問』を購って書物の用紙が爛敗するまで読みかえし（『行状』）、また『文公小学』を熟読し、それらを手引きとして朱子学に入り、『語録』・『或問』・『近思録』・『性理大全』等の書を「尊信し珍重し熟思し体翫し」（『同志会筆記』）、「之れを手にし之れを口にし、目に熟し心に惟ひて、昼夜輟めず」（「読予旧稿」）、「日夕に研磨し」（『行状』）、「積むに歳月を以てして漸く（二十八歳の頃に）其の肯綮を得るに到った」（『同志会筆記』）という。

そして源七が朱子学の世界に深く入れば入るほど、彼の世界超脱の気分がいよいよ助長された事情は次の回想によって知ることが出来よう。

幸に嘗つて李延平先生の書、文公小学の書を読みて始めて大いに感悟す。是に於いて平生の志沛然として之れを能く禦ぐことなし。遂ひに定まる。而して之れを信ずること益々篤く、之れを積むこと益々久しくして（十九歳より相当の年数を経て）、融然として利禄の念、功名の志、尽く懐に忘るゝことを得たり。且つ自ら以為らく、世を遯れて知られずして悔いざるは固より学者の常分なり（世を逃れることを学者の常分とする考えは仁斎の生涯を貫いている。）。聖人豈に遠からんや、と。是に於いて益々自ら量らず、斯道を以て己が任と為せり。」（『敬斎記』）

『敬斎記』を著わし自ら敬斎と号する

また他の回想に

（二十七歳の頃）、又『敬斎箴』を獲て之れを読み深く懐に愜ふこと有り。因て自ら謄写して以て諸れを斎右に掲げ、起居服習して益々身心を淑さんことを冀ふこと、一に朱夫子の言の若し。繇て併せて其の斎を名づけ号して敬斎と為す。蓋し昔人、其の人を慕へば則ち其の名を命ず。余不敏と雖も文公を慕ふ、豈に僭と為さん邪。（「読予旧稿」）

と述べている。東涯は、「先人壮歳敦く宋学を好み、尊信敬服すること鬼神に踰ゆること有り。」（「大学定本」序）と説明している。源七（時に二十七歳）は自ら「敬斎」と号すると共に、朱子の『敬斎箴』に関して『敬斎記』という論文を草した。始め草を起してこれを書斎の壁に貼りつけ、幾度も書き改めたので、脱稿した時には、ほとんどもとの文字がなかったという。彼は表現に苦心しただけでなく、朱子の精神を探るのに努力したのであると、東涯は『敬斎記』の跋で説明している。この論文の中で源七は、朱子学の根本観念は「敬」であるという（敬の観念の尊重はこの時代の若い朱子学者に共通する支配的傾向であって、中村惕斎や米川操軒などにもこの精神が見られる）。

『太極論』『性善論』『心学原論』を著わす

敬斎（源七）はついで『太極論』、ついで『性善論』、ついで『心学原論』を著わして（「読予旧稿」）、朱子の教説を布延し、「備に危微精一の旨を述べ、自ら深く其の底蘊を得て、宋儒の未だ発せざる所を発すと以為」うに至った（『同志会筆記』）。闇斎がひたすらに朱子の説に従ったのに対し、源七は朱子学を通じて独創的な意見を述べようとしたのである。承応二－三年、即ち源七が二十七－八の頃である。

松下町の隠棲

翌明暦元年（一六五五）、二十九歳の年に源七はついに松下町に隠棲した。『行状』には親族・朋友の反対を押し切って「千辛万苦して始めて志の如くすることを得たり、宅を仲弟（七左衛門）に附して松下町は僦居して書を読む。」とある（『盍簪録』二、参照）。つづいて『行状』には「俄にして羸疾に罹り驚悸寧からざるもの殆んど十年なり。

首を俯し几に傍りて門庭に出でず。左近の里人多く面を識らず。」と述べている。心臓病であったようにも思われるが、この頃の詩（「偶懐」）に「多病にして年来書を読まず」と詠い、「謝㆔人恵㆓楊梅㆒」という詩の中に、「風味方に肺病を愈すことを知る、勾漏、丹沙を取ることを須ひず。」と詠じていることを考えると、肺を

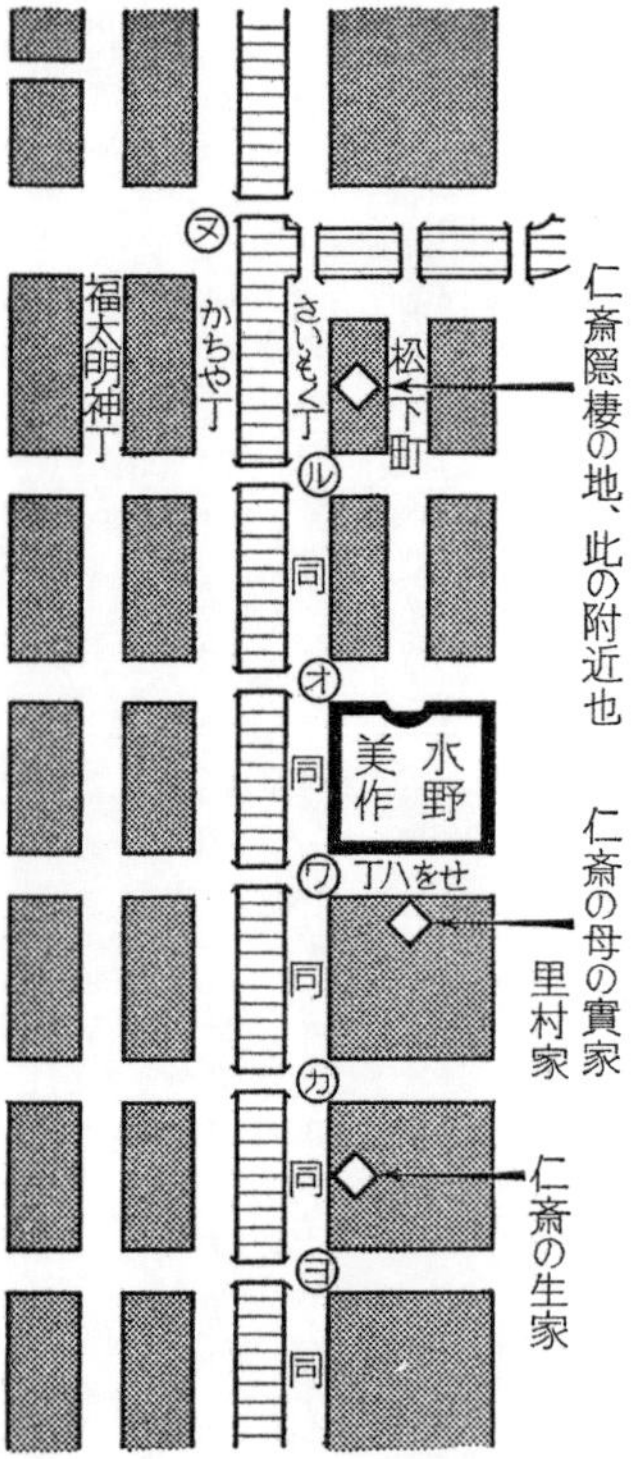

ヌ 一条通
ル 中立賣通
オ 上御門通
ワ 中の丁通
カ 出水通
ヨ 下立賣通

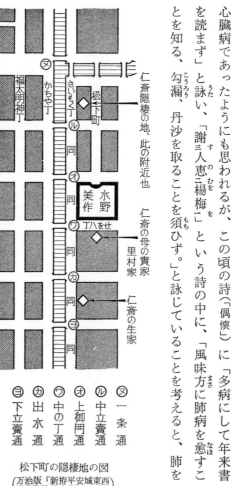

松下町の隠棲地の図
（万治版「新撰平安城東西南北町洛外之図」による）

わずらったようでもある。しかし『行状』は病気による隠棲ではなく、好学心を貫いた結果の隠棲で、時をほぼ同じうして発病したものと解釈している。当時、松下町は北より南に流れる堀川へ東から一条の川流が注ぎ込み、西北二面を京の町々から隔離するひそやかな地区であった。

白骨観法を修める

松下町の隠棲生活によって源七の魂は朱子学を越えて更に向うへ発展して行った。「心竊に安んぜず。又之れを陽明・近渓等の書に求む。心に合すること有りと雖も益々安んずること能はず。或は合し或は離れ、或は従ひ或は違ふ。其の幾回なるを知らず。」と仁斎は後年当時の心境を記している（『同志会筆記』）。そして『行状』によれば、ついに仏老の教に入り、白骨観法を修めたりした。後年回想して

> 禅家に白骨を観ずる法といふことあり。白骨を観ずる法とは静座して自己の一身をおもふに、工夫熟する時、皮肉悉く脱露して只白骨ばかりあるやうにみゆるとなり。かくのごとき時、悟道せざる事を憂ずといへり。僕曽てわかゝりし時、此法を脩し侍り候。工

夫熟して後は、自己の身白骨にみゆるのみならず、他人と語るにも白骨と対談するやうにおもはれ、道行人も木偶人のあるくやうにみゆ。万物皆空相あらはれて、天地もなく生死もなく、山川宮殿までも皆まぼろしのやうに思はれ侍候。かれがいはゆる明心見性の理に自然に符合せり。孝悌忠信などは皆其浅くしていふにたらぬやうに覚て侍り。これ僕が静座する事久しくして心地霊明なるの至り、自然に見付たる見解にて天地の実理にあらず。仏者の人倫を掃、日用にはなるゝ皆此理より来れり。尤もとおぼえ侍り。

(『稿本仁斎先生文集』「送防州太守水野公序」)

と述べている。後年「古学」を樹立した仁斎はこの青年時代の精神的危機を回顧して、「旧学を顧視れば将に一生を誤らんとせしが如し。」と述懐している(「読予旧稿」)。ところが、『行状』には「既にして其の是に非ざるを悟りて醇如たり。」とある。

「仁説」を著わす

即ち、源七は、明暦元年松下町に隠遁してより僅か三年後の万治元年には早くも「敬」ではなく「仁」を尊重した『仁説』を著わしている。彼は当時なお体用・性情等の範疇をもって思考する宋学の立場を離れていないが、人間を超世間的な理想――性→理→天（太極）――によっては最早測（はか）らない。『仁説』の中において我々は初めて、宋学の超感性的な理の立場を越えて、人間の感性的な愛に対する新しい感情の調べを発見するのである。このような急激な変化には先述の理由の他に、より根本的な、然もより直接的な理由があるのではなかろうかと思われるが、資料が欠けているので只今のところ確かなことを知ることが出来ない。

隠棲中の勉学

ただ思い合わされることは、仁斎が松下町の隠棲時代に井上養白ただひとりを友として朝夕集まって互いに勉強し合ったということである（『行状』）。『先游伝』によると、井上養白は丹波の保津（京都府亀岡市）の人で医業を有馬玄哲に受け、ついにその婿（むこ）となった（後に法眼となる）、生れつき滑稽で機弁（きべん）有る人であったという。楽天的で社交好きな、人間への愛の豊かな性質の人と思われる。しかしこの養白の精神的影響のみをもってこの急変を説明することは到底出来ないように思われる。それについて考え合わされることは、東涯が『行状』の中に、「是（寛文二年）より先、宋儒性理の説の孔孟の学に乖けるを疑ふことあり。参伍出入、沈吟年有り。」と述べ、『太極論』の奥書に、「壮歳学に志し、鍛煉幾遭にして而して始めて独見を会す。輒く説を立てしには非ざるなり。」と記し、『敬斎記』の奥に、「後来旧見を蕩掃して一ら古学を倡明す、亦是の中より来る。苟然に非ざる也。」と述べていることである。先述のように仁斎は宋学に徹底し、更に心に合するものを求めて仏老に入り、白骨観法を修して山川城郭が悉く空相を現ずるに至って初めて「其の是に非ざるを悟って醇如たり」得たという。仁斎が非仁斎的な教養に徹底したことが真に自己を発見する前提であったように思われる。

学風一変して斎号を仁斎と改める

とに角、源七は僅か数年の間にコペルニクス的な展開をなしたのである。源七が彼の斎名を「敬斎」より「仁斎」に改めたのはこの頃であった。

この頃の仁斎の勉学について『盍簪録』に次の記載がある。「先人（仁斎）三十余歳に及んで却掃して書を読む。左近の里人多く面を識らず。山田氏の姑（仁斎の父了室の姉、珠慶孺人。寛文十年六月十四日死）

稍々文字を知る。帰省する毎に或は曰く、〝源七も亦無点を会読するや〟と。国人漢本を刻（出版）すれば必ず国字口訣（読み仮名返り点）を副ふ。これを点本と謂ふ。口訣無き者を無点本と称す。」とある。仁斎はこの頃切りに無点の漢本を読んでいた、というのである。無点の漢本にはおそらく中国の古典の外に近刊の原書が含まれていたのではあるまいかと想像される。

二　同志会（壮年時代）

宋学よりの離脱

敬より仁へ。この儒学に対する根本的態度の変化と共に従前の隠遁的な生活関係をすてて新しい生活関係を形成しようとする努力もまた始まっているのである。即ち仁斎は寛文二年（一六六二）に『同志会』を創設した。この会はその前年寛文元年十一月松下町の僑居において設立の準備を整えていたものである。即ち、寛文二年の『同志会籍申約』によると、寛文元年の冬に、同志が仁斎の宅に会合したという。また寛文元年十一月二十一日付の『書斎私祝』には「予や間居無事、幸に朋友の過従を蒙る。何の幸か之れに如かんや。予極めて不似と雖も竊に斯道に志有り。端に此の間に及んで共に講磨切劘して上聖人君子の道に進まんと欲す。」と述べている。

こうした矢先き、寛文二年五月二日京都に大地震があった。二条城の石垣や殿舎にも破損を生じたほどであるから、二条城に程近い彼の宅も相当の被害を受けたことと思われる。おそらく従前からも、またこの地震の結果からも、特に彼の生家から仁斎の帰宅が勧められたのであろう。彼はこの地震を機会についに家に還った。

帰宅して「古義堂」塾を開く

『行状』には「寛文壬寅（二年）、京師地震あり。遂ひに家に還る。（中略）始めて門戸を開き生徒を延接す。（中略）時に年三十六なり。」とある。仁斎は堂に扁して「古義」といった（東涯著『新修宅記』梅宇著『見聞談叢』）。松下町の隠棲時代の無二の友人である井上養白が親戚・知友の間に大いに仁斎を推奨して、その子弟を仁斎に入門させるように努力したようである。養白は外戚の小河承意をすすめてその二子（立所・弘斎）を仁斎の開塾と同時に入門させている。

同志会

『行状』には仁斎が塾を開いて生徒に教えると共に同志会という研究会を設けたことを記している。同志会の会則（『同志会式』）を見ると、仁斎の堀川の宅を会集の所として毎月三回会合を催し、集会の部屋の北壁には「歴代聖賢道統図」を掛けた。そして会集の日には会員が各々一茗一果を持ちよった。会員中から必ず一人を推して会長とし、会員が悉く集まると年齢順に席につき、道統図の前に出て礼拝し、次いで賛者が会約を読んで後に、会員中から講者が進み出て座に上って書を講じる、終ると会員が各々質問する、もし返答のうちに意義通ぜず理を失うものがあると、会長が折衷する。このようにして「輪番」に講者となって、「講義」と「問答」を進め、「講論」が終ると会長は「策問」或いは「論題」を出して諸生を試み、そ

『同志会筆記』

の提出した「論策」には転語や批評をつけるが、甲乙（列序）をつけない――こうした共同研究会において、会員一同が「極論熟講して其の同異を一にし」ようとしたという。そして新たに会員になりたいと願う者やまだ道に入る要領を知らない後輩のために、重ねて規約を定めて会則としたのが即ち『同志会籍申約』である。

『同志会式』によると、「大凡そ会中の論義・論策は各々一冊と作し、共に輪して繕写す。又会中の問答にして経要を発明する者及び学問肯綮の語は皆謹録し、衆人相ひ共に校定して別に一冊を作る。其の聖経に悖くもの及び膚浅にして切実ならざる者は載せず。」とある。仁斎には『同志会筆記』という著述があり、後年の東涯の跋によると、「右の筆記四十八則は寛文・延宝年間に著はす所に係る。先子時に五十左右なり。従前に学ぶ所の是に非ざるを悟り、新たに見る所有り。其の言皆な体験躬践の得る所なり。」という。おそらく、この『筆記』は寛文・延宝年間の同志会（同志会は寛文二年――実質的には寛文元年――に始まり、後述の如く、延宝年間、仁斎四年の服喪中に中絶のまま立ち消えになったものと思われる）における共同研究の成果を記録したものからの抜萃であろう。『同志会筆記』という書名がこの間の事情を示しているように思われる。

このような研究と著作の態度はその後仁斎の一生を通じて持ちつづけられた。『童子問』の中でも次のように述べている。「予は門人小子の説と雖も、苟(いやし)くも取るべき者有るは皆之れに従ふ。論語・孟子を解する皆然り。乃ち門人と商搉(しょうかく)し、衆議定りて而る後之を書に命ず。若し理に合(かな)はざる者有れば、之を卻(しりぞ)ぞく。是れ子(し)が識(し)る所也。」

孔子像の礼拝

初めに仁斎は同志会において「歴代聖賢道統図」をかけたが、後に「孔子像」にとりかえたという。その時期を知る史料はないが、「道統図は仏教の相承(そうしょう)系図に倣(なら)って作ったもので聖人の意に協(かな)わない、道は私に授受すべきものでなく、天にかかる日月のように天下共有のものである」という道についての考えの成立が礼拝対象を取りかえさせたものと思われる(『童子問』下)。孔子像を礼拝することについて、後年に東涯が、「釈奠(せきてん)は朝廷の大礼にして私家の行ふべき所に非ず。然れども絵画・塑像(そぞう)、或は有りてこれを尊ぶ、亦(また)豈(あ)に可ならざらんや。」(『紹述先生文集』)と述べていることが考え合わされる。後述のように仁斎はこの頃から宮廷儒者と親しく交わるようになるが、仁斎学の性格を考えるとき、宮廷儒学の影響を見逃すことが出来ないように思われる。

万治二年(一六五九)の『仁説』によって『仁斎』の学問にコペルニクス的な転回を生じたが、東涯の『古今学変』の序にもいう通り、仁斎は門戸を開いて後もなお宋学離脱の努力をつづけていたのである。『文集』に残されたこの頃の「講義」や「策問」を見ると、宋学離脱の努力と経過がまざまざとあとづけられるのである。この頃、

京都の繁栄と学問の興隆

京都はうち続く太平による経済生活の上昇や、また直接には明暦の大火による江戸の復興に刺激されて一段と繁昌する時に当っていた。後に述べるように、大名貸がこの頃大阪に先きがけて興隆して来たことも、京都の繁栄を物語る資料であろう。学問・芸術の方面においても新しい時代の進運に応じるものが漸く発生しようとする時であった。熊沢蕃山が万治二年より寛文六年まで殆んど京都に在って仁斎の親戚の里村玄祥や仁斎後年の親友の公卿達と交わったことも注意される。

また貝原益軒が京にあって諸生を教え、仁斎とかつて伏原少納言邸の会合で面接したこともあった(『紹述先生文集』)。またこの頃、山崎闇斎が大いに朱子学を振興して京都の学界に清新の気を吹き込んでいたことも、注意される。特に闇斎門下の俊秀がまた、同志会やその周辺に集まり、米川操軒や後藤松軒の如き闇斎門下の俊足が同志会に関係したことが推測される。おそらく仁斎は彼らから闇斎学についても知る所があったであろう。

1　山崎闇斎

闇斎塾の繁昌

これより先、寛永十九年、山崎闇斎は(二十五歳の年)土佐を逐われて京都に帰った。大高坂芝山の『南学伝』によると、「(野中)兼山深く其(闇斎)の罪に非ざるを憫み、渠れの為に洛下に於いて宅を買ふ。嘉(闇斎)の身を終ふるまで居る所の宅なり。粟を饋り、(中略)又学徒六、七人を属して其の業を承けしむ。」とある。この闇斎宅の位置は下立売橋西、南福太明神町(葭屋町出水下ル即ち葭屋町下立売上ル町)に在って、仁斎の家とは狭い堀川

山崎闇斎肖像（『先哲像伝』所収）

を隔てて向きあった場所にあった（『事実文編』所収「山崎闇斎行実」）。

明暦元年の春、闇斎は初めてこの家で講席を開き、まず『小学』、次に『近思録』、次に『四書』・『周易程伝（ていでん）』を講じた（『闇斎先生年譜』）。「信徒する者衆（おほ）し」と伝えられている（『行実』）。

ところで、この年は仁斎が松下町に隠棲した年であった。そして仁斎が『仁説』を著わした万治元年に闇斎は江戸に遊び、それより後は半年は江戸・奥羽に出て諸侯の賓師（ひんし）となり、半年は京にあって生徒を教授した。『年譜』には「四方遊学の士、靡然（びぜん）として風に嚮（むか）ふ。」といい、『墨水一滴』には「其の洛に在りて帷（とばり）を下すの時、書生輻輳(ふくそう)して京師に見ざる者無し。」と記されている。寛文五年の春には闇斎はその宅を新築した(『闇斎先生年譜』)。闇斎塾の発展を示す資料である。

仁斎、闇斎と対峙する

このように、ようやく盛大に赴きつつある闇斎塾の向いに、寛文二年仁斎は塾を開いたのである。かくて仁斎と闇斎とは狭い堀川を隔てて互いに門戸を張る形勢となった。しかし闇斎及び仁斎が互いに他を名指して批評した言葉は全く伝えられていない。ただ『佐藤直方学話』に、「そんじやうそれはよい人で公家衆(くげしゅ)などのほめ給ふものといへば、(闇斎は)公家がほめたとて何のやくにたとうと一口にこなさるゝ。」とあるのは、延宝・天和の頃に公卿達の間に評判の高くなった仁斎をも対象にした言葉であろうかと想像される。

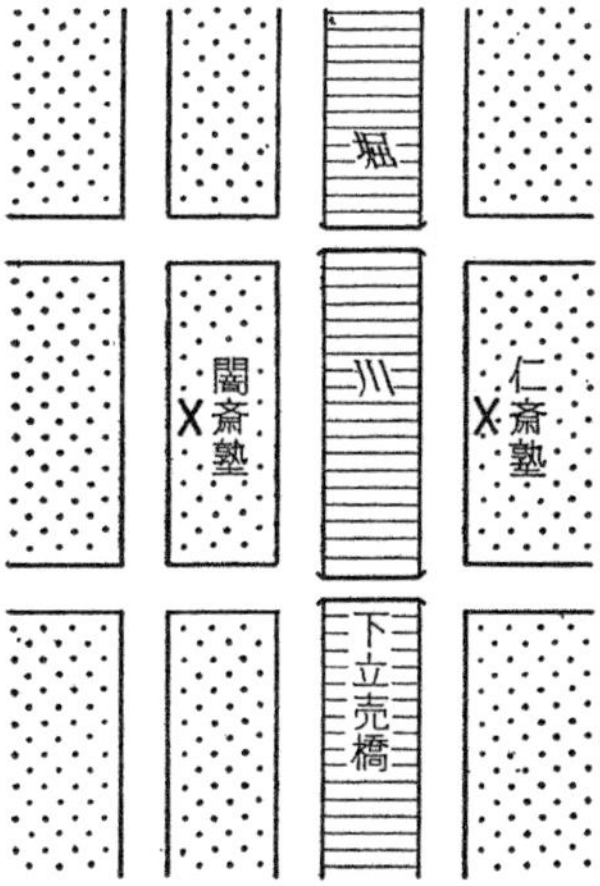

古義堂近傍の地図

ところで両塾の関係を語る資料が二つある。一は仁斎の二男梅宇が『見聞談叢』で、「闇斎の宅と先人の家とは漸く河を一つへだてたり。闇斎の死去は先人の逝（せい）し玉ふより二十余年前なるか。闇斎老人となれる刻（とき）、先子甚しく道を唱え玉ふ。闇斎、佐藤（直方）・浅見（絅斎）の二人へいへるは、源佐（仁斎）は文に骨ををり秀でたるゆへ、両人ともに源佐へ間（あひだ）にゆきて文学の筋をきけとありて、両人とも一年余もみえけるが、あとには音信もたへたりときく。」（巻之一）と述べていることである。これを「文に骨を折る」仁斎の学風に対する闇斎の皮肉と考える人もあるが、佐藤・浅見が果して一年余も堀川塾に通ったとすれば、晩年の闇斎は仁斎の学風に一片の共鳴を示したものと思われる。しかし佐藤・浅見の入門については、私は未だ他に確かな証拠を得ていない。今一つは、東涯の死後幼き東所を助けて堀川の塾風を確立した仁斎の四男伊藤蘭嵎（らんぐう）（才蔵）に関する話である。渋井孝徳の『太室文集』に、「伊藤才蔵、毎（つね）に父兄の業を誦し、闇斎を以つて一大敵国と為すと云ふ。」とある。確かに後年の堀川学派は闇斎派に意識的に対抗したもののようである。梅宇の「見聞談叢」に、「闇斎の平生朱子をしたへること、何さまつよきことと聞く。闇斎の闇の字も晦庵(朱子の号)の晦をしたひ、嘉右衛門の嘉の字も、朱熹の喜の字をしたひ、平生朱の三尺手拭を腰にさげ、冬なども、布のかき羽織をきられ、これも朱子の朱をしたへり。自分のてにせる朱子派の書にも又は自分の述べる書にても、表紙はみな丹がらとてみな朱なり。」とある。このように闇斎派出版の書冊に柿色の表紙を用いるに対し、堀河本といわれる堀河塾の出版物が藍色の表紙をもつところにも対抗意識が象徴的に現わされているように思われる。

教授態度の対立

このような後年の対立はまた既に同志会時代にも現われていたに相違ない。『年譜』によると、闇斎は「其の人を教ふるや、常に一杖を執りて講座を撃ち、音吐鐘の如し。顔色尤だ厲しく、聴者凛然として敢て仰ぎ視ること莫し。」とある。室鳩巣は闇斎を評して、「師道を厳にし」、「其の教授の間、能く心を平にし懐を虚うして従容委曲、以って彼我の情を尽すことなし。」と批評している。佐藤直方のような高弟さえ、「其の家に到り戸に入る毎に、心緒惴々として獄に下るが如く、退いて戸を出づるに及んで則ち大息して虎口を脱するに似たる」有様であった(『先達遺事』)。芝山の『南学伝』には、「垂加翁、師道至厳にして其の門人に接するや、細過と雖も少しも仮さず」、「資質は褊急麁厲にして才を負ひ、倨傲にして人物を凌忽す。是を以って朋友故旧、或いは憝み、或いは慍り、或いは鄙しみ、或いは憎み、始終交りを全うするの人無し。」と述べている。誠に仁斎が一茗一果を持参して同志相ひ集まり、和気藹々たる雰囲気の中で学問の共同研究をし、人を教える時には「淳々反覆して唯だ其の意を傷つけんことを恐れ」(『行状』)、「粗鄙暴悍の者と雖も一再相ひ見れば(中略)薫然として心酔し」た態度とは、全く相反するものであった(「古学先生伊藤君碑銘」)。先に仁斎が『仁説』において仁愛を高く掲げたことにも、闇斎の敬義を守る学風に対抗する意識が働いていたであろうと思われる。

闇斎が仁斎に影響をうけたことはなかったであろうが、仁斎は闇斎を面前に据えて自己を非闇斎的なものとして――闇斎を否定的媒介として――真の自己を発見しまた形成して行ったことが思われる。

学風の対立

こうした性格や塾風の対立の他に学問の仕方にも対立があったのである。『先達遺事』によると、「闇斎は記性（記憶力）、人に絶す。（中略）古人の梅を賦する詩を暗吟すること無慮五十四首」とある。また少時、中峰禅師の『広録』を三十日許り、『五燈会元』を六日で暗記したことがある（『若林語録』）。闇斎についてはこうした話が多く伝えられている。寛文十一年の冬、佐藤直方が闇斎に謁したところ、「闇斎、その読書如何を叩く。先生（直方）曰く、〃四書・六経、皆已に誦読せり〃と。因って〃使四方乗安車の語は何の書に出づるや〃と問う。先生答ふる能はず。闇斎曰く、〃曲礼に在り。礼の初巻すら且つ記し得ず。烏んぞ五経を誦せりと為すを得んや。（中略）年少予に従学すること尚ほ早し、且らく退きて誦読を務むべし〃

と」いった。後に「闇斎、門弟に謂ひて曰く、〃四書六経中、気を離れて理を語る者有る乎。〃と。皆俊巡して答へず。先生(直方)独り易の〃太極有り〃の語を以てす。闇斎〃善し〃と称す。」とある(『剛斎佐藤先生伝』)。また直方は、「山崎先生そらに『語類』をおぼへられし、と人がいふ。それ程にはなし。此何語は何枚めの行にあるといふを覚へて居らる。講習議論のとき、ちようどちようどに其所を引出さる。」と述べている。

勿論、闇斎学は経書の暗記に終るものではなく、朱子の『語類』・『精義』等の書を精読して朱子の核心に迫ろうとするところにその特色をもつものである。けれども書を暗記することは確かに闇斎学の根本的な学問研究の方法でもあった。闇斎の労作を見ても、程朱並びに先儒の説を抄出して集輯したものが多い。例えば万治三年の『武銘考註』は武王作と称する諸銘及びこれに関する諸説を輯録し且つ考註を加えたものであり、また寛文八年の『仁説問答』は闇斎師弟の仁説に関する問答ではなく、朱子の仁説並びに図及び張南軒・呂東萊とこれを論ずるものを集めて編次したものであった。芝山は『南学伝』で、「嘉（闇斎）は経術の学を本とし、（中略）文義に明らかにして体験に昧し。」と評している。

こうした闇斎の学問研究の態度に対する批難が、この時期における仁斎の次に掲げる反朱子学的な言葉のうちに含まれているように思われる。

若し夫れ今の学者（中略）徒らに之れを先儒（朱子）の説に求むるを知りて、之れを往聖（孔子孟子）の訓に求むるを知らず。（「仁亦在乎熟章講義」）

これは朱子の註解にのみ依存する闇斎学に対する批難である。また

近日諸賢の謂ふ所を観るに、纔に数部の語録を読めば則ち道学を明にす、理性字義を審かにする者有れば理学に精しと曰ふ。筌を認めて魚と為し、蹄を取りて以って兎と為す。理学にして此に至れば一厄と謂ふ可きなり。（中略）若し夫れ語録・精義等の学は徒らに訓詁の雄のみ。何ぞ以って学と為さんや。（「読宋史道学伝」）

と語っているのも、専ら朱子の註解にのみ依存する闇斎の学風を非難したもので

あろう。

米川操軒との絶交

仁斎の闇斎学との対立並びに朱子学からの離脱を最も象徴的に現わしたものは米川操軒との絶交である。操軒は闇斎門下の高足であって、「其の学をなすや純正にして、専ら経術を好み、平日心を程朱の書に用ふること最も勤め、雑書を好まず、文中子の所謂雑学せず、故に明らかなるもの」で、『南学伝』に所謂「門に雑賓無く、堂に雑話なく、几に雑書無き」純粋の朱子学者であった。操軒は仁斎の親友であったから、同志会の席にも現われていたであろう。ところが仁斎が朱子を「訾訕」るようになったので、ついに「朱子は聖人の道を得。吾子異言を持して之れを排し、養徳の学を語れば薄徳となし、講学の事を語れば学に益なしと。是れ之れを聖教の罪人と謂ふ。速に之れを改むれば止む。然らずんば契分日久しと雖も絶たざるを得ず。」と抗議したが、仁斎は聴き入れなかったので、ついに絶交するに到った。この絶交の時期はおそらく寛文四－五年の頃と思われる。

闇斎学の影響

仁斎は闇斎を前面にひかえてこれに対立することによって、彼の人格と学問とを非闇斎的なものに仕上げて行ったように思われるが、しかし闇斎の学問に対する態度やその方法の影響をうけ入れたように思われる。

闇斎は近世の朱子学を「学問」として純粋化し、当時の学界に大きな影響を与えた人である。梅宇は『見聞談叢』の中で幕初の儒風について、「後世より見ればこの時分の学風は大形博聞強記計にて、(中略)儒者をものしりと名づけた」といい、「その後、山崎闇斎先生一途に性理の学をとなへられ、いろいろといへども、まず本朝の学風一洗してかたき儒学になれるは闇斎の功なり。」と説いている。東涯の『古学先生行状』にも仁斎の少年時代の儒学界の状態を説明して、「時に儒学未だ盛んならず。其の焉を学ぶ者は専ら詞賦記誦を以て務と為して道学を講ずる者稀なり。」と述べていることを考え合せると、仁斎の学問の発展にもまた闇斎の「学問的」な態度が大いに影響したであろうと想像される。

更に闇斎が朱子の学問そのものを知ろうとして、朱子の著書から、例えば『仁説問答』の如く、朱子の仁に関する説の悉くを抽き出して、朱子その人の仁についての考えを見究めようとした実証的な方法は、後述の仁斎のすぐれた文化科学の方法の中にも取り入れられたように思われる。そして仁斎の方法が徂徠に伝わり、更に本居宣長に及ぶ、故村岡典嗣教授の所謂「我国の文献学的方法」の魁をなすものと考えられる。仁斎の方法については後に述べることにする。

2 朱舜水

仁斎学の形成過程において仁斎に積極的な影響を与えたものは、朱舜水であった。

朱舜水と安東省庵

仁斎が『仁説』を著わした年の翌年――万治二年に、当時六十歳の舜水は日本に来て長崎に留住した。柳川（福岡県柳川市）の安藤省庵が俸を分ってこれを養ったことは、時の美談として儒者の間に喧伝されていた。

舜水、仁斎の従学を拒む

朱舜水の学説が仁斎に知られた経路は今知るを得ないが、仁斎は朱舜水が長崎に来ると直ちにこれに従おうとした事実がある。後の仁斎の「答安東省庵書」に、「僕嘗て仙槎（仙人の乗る筏の意味で朱舜水その人を指す）長崎に著くを聞き、竊に衣を掲げて門下に相ひ従はんと欲す。然れども人子の孝、海に航して遠遊す可からざるを以つて、遂ひに果して往かず。」とある。また寛文二年に門戸を開いて諸生を教授し、同志会を設け、三年の春それらの同志と五経を会読し始めたが、その中に柳川の片岡宗純という者がいた（「与片岡宗純書」）。彼は安藤省庵の弟子であった。『先游伝』によると省庵が彼を仁斎の門に入らしめたというが、この宗純が柳川から省庵の文章を多く持参し、それを仁斎に示したのである（「答安東省庵書」）。それらには確かに舜水の思想が深く入っていたと想像される。

そして省庵はその弟子が仁斎に入門した関係から、寛文四年初めて仁斎に手紙を送って来た。この年には水戸から舜水招聘の使者が長崎に派遣され、翌寛文五年に舜水が東行することに決ったので、おそらくそのことが仁斎に知らされて来たのであろう。仁斎は省庵への返書の中で、省庵が舜水より「直ちに鄒魯（孔子孟子）の的伝を受け」ていることを羨み、彼もまた舜水の許に到って「日月の末光を承け、以つて既往の蹉跎（つまづき）を補はんと欲す。」と述べている。そして老父母を侍養する人を得たならば、江戸に出て舜水に師事したいから、舜水の許可を得て呉れるように省庵の周旋を求めたのである（「答安東省庵書」）。省庵は早速舜水にこの由を伝えたらしい。この間の事情を物語る舜水の省庵宛の三つの書翰がある。余り世に知られていないので、繁を厭わず左に掲げよう。

伊藤誠修（仁斎）は誠に貴国の翹楚なり。頗る見解有り。賢契（あなた、即ち安東省庵のこと）焔然足らず、大いに推重を為す。心を虚うし賢を好むは、此れ更に賢契の美徳なり。然れども賢契、豈に遂ひに其の下に出んや。評駁数端、言々窾に中る。之を聞きて自ら応に心服すべし。昔、良工有り。能く棘端（いばらのさき）に於いて沐猴（さる）を刻む。耳目口鼻宛然として、毛髪咸な具はる。此れは天下古今の巧匠なり。若し不佞（わたくし、即ち舜水のこと）をして目、玄黄（太陽）に炫み、忽然として此れを得しむれば、則ち必ず之を抵して砂礫と為さん。即ち不佞をして明かに其の耳目口鼻宛然として、毛髪咸な具はるを見しむるも、不佞亦必ず之を抵して砂礫と為さん。何ぞや。工は巧なりと雖ども、世用に益無し。彼（仁斎）の道と為る所は、自ら不佞の道に非ず。不佞の道は用ひざれば則ち巻いて自ら蔵するのみ。万一世よく大いに之を用ふれば、自ら能く子は孝に臣は忠に、時和し年登り、政治は醇に還り、風物は厚きに帰らしむ。絶えて区々として口角の間に争闘せず。宋儒は毫釐を弁析して終に曽つて一事を做し得ず。況んや又、其の屋下に於いて屋を架せんや。如し果して其（仁斎）の来らんと欲するを聞かば、賢契、幸に急に書を作りて之れを止めよ。若し一たび聚訟を成さば、便ち紛然として多事ならん。此れは是れ貴国絶大の関頭なり。万、視ること泛泛たること勿れ。其の人（仁斎）は年幾何ぞや。世間に淳誠謙厚なること、更に賢契の如き者一人有るや否や。独り貴国のみならず、即ち中国にも亦必ず無き所に在り。若し果して来らば、不佞は当さに中朝の徐鉉を処する者を目て之に処すべし。必ず之れと長を較べ短を絜らず。（『朱舜水全集』六）。

（前略）伊藤誠修は、学識文品、貴国の白眉たり。然れども学ぶ所は不佞と異るところ有り。不佞の学は木豆・瓦登・布帛・菽粟（あかざあは）のみ。伊藤の学は則ち彫文・刻縷・綿繍・纂組なり。未だ必ずしも相ひ合はず。一なり。且つ不佞の此の地に居るや、人地は則ち甚だ軽くして声価は則ち甚だ重し。京華の人士、敢て軽しく与に相ひ接せず。即ち書有りて来る、亦当に黒川公（時の長崎奉行黒川与兵衛）に稟明すべし。其の煩瑣たるは二なり。此間、人情多く好んで自ら高くす。稍々学識有れば、猶ほ且つ岸然たり。此の如く淹貫、豈に更に益を求めんや。且つ不佞も亦目て之れ（斎仁）を益すること有ることあたはず。三なり。其の他、僮僕人に乏しく、手長く袖短く、班荊、礼に非ず、傾蓋、資無し。又此の数に在らず。賢契、幸に之れ（斎仁）を宛辞（とおまわしにことわる）せよ。一事を多くするは、一事を少くするに若かず。且つ又益無し。万万此れを務むるを須ひず。（下略）（『同上』）

（前略）伊藤誠修は之れを止むるを妙と為す。昔者劉惔と王濛と、遠遊して餒ゑたり。一人有りて盛饌（ごちそう）を設けて之れを招く。王濛往かんとす。劉真長は肯んぜずして曰く、〃小人は未だ軽々しく与に縁を作るべからず〃前書問ふ所は、此れを目てのみ。」（『同上』）

しかし舜水が仁斎に与えた影響はこの故をもって過少に評価することは出来ない。この後、仁斎が諸労作の中で、舜水と同じ言葉をもって同様の思想傾向を表わしていることは充分留意すべき事柄であろう（それらは恐く舜水が省庵に語ったもので、おそらく万治二年の長崎留住より寛文五年の東行に到る間のものであろうと思う。今後の研究に俟つことにする。）。

なお『朱舜水先生文集』巻十二に左の書翰があり、年代はまだ考え得ないが、おそらくこの期間のものと思う。

伊藤誠修兄の策問は甚だ佳し。之れを旧年の諸作に較ぶれば、遂ひに天淵の若し。儻此れに繇つて之れを進むれば、竟に名筆を成さん。豈に中国の人才に遜らんや。敬服敬服。片岡宗順は文は未だ肯綮を得ずと雖も、而も語気は絶えて蹇渋の病無し。大いに日本の風味に類せず。少年又、よく力労すれば、当に大いに奨進を加ふべし。三詩は佳からず。且つ大病有り。殊に其の文に似ず。二兄の作本は批閲改竄に応ぜず。賢契の言に因りて、遂ひに僭越を顧みざるのみ。門人の称の若きに至りては、恐くは宜しき所に非ず。好んで人師と為るは古今の通病なり。且つ恐らくは世人の未だ必ずしも後に安東省庵有らざるなり。(下略)」

仁斎は彼の文章を舜水に送ってその批判を仰いだものと思われる。仁斎が文章に苦心したことは早くからであった。「読予旧稿」にも少年時代に詩文に溺れたことを述べているが、文に骨を折ることは闇斎が認めたように仁斎の学風の一つの特徴といってよい。後年仁斎は「訳文会」を設けているが、訳文会というのは『古学先生行状』によると、唐宋の名文をまず仮名交り文に書き換え(これを「訳」という)、次にこれをもとの漢文に作りなおす(これを「復訳」という)、そして原文に対照して添減順逆の別を校正して文章の法を覚えさせるものである。五十五歳から六十歳位まで「訳文会」を行い、七十歳頃には孔門言語の科あるに倣(なら)って「私試制義会」を行っている。策問が思想を主とし文章を従とするに対し、制義は文章を主とし思想を従とするもので、先の訳文会をより進めたものといえる。(「私試制義会式」)

仁斎は晩年まで朱舜水に傾倒(けいとう)していたらしく、梅宇の『見聞談叢』によると、朱舜水が水戸に仕えて後、省庵の弟子の元簡が水戸より帰郷の途中に、仁斎に会う、との便りがあったので家を掃除して待っていたが、筑前立花侯のお伴をして帰国することとて暇を得ず、遂いに来訪がなかったという。仁斎の落胆が目に見えるように思われる。

三　水　哉　閣

山崎闇斎と朱舜水の学問的影響は仁斎学の成立に大きく貢献したように思われる。仁斎は寛文六年（一六六六）、『志学章講義』において、「不佞、別に一書を為（つく）つて以つて千歳の蓁蕪（しんぶ）を闢（ひら）かんと欲す。」（『文集』四）と宣言し、また同年片岡宗純に与えた書に、

> 子（し）の平生読む所の書策、平生守る所の義理、平生務むる所の事業、平生得る所の工夫は皆吾子（ごし）が頭上の襶䙏子（たいたいし）（夏の日笠）たり。一たび之れを卸去（ぬぎさ）つて然る後、聖賢真実の指、自ら相ひ撞著（どうちゃく）せん。（下略）若し易・書・春秋・語・孟・庸・学を将（もっ）て読み去り読み来りて、註解に由（よ）らず、照応を論ぜず、従容（しょうよう）体験して深く自ら心に熟するときは、則ち其の言皆

な吾が口より出づるが如く、其の理皆な吾が心より生ずるが若くにして、諸儒の論説は皆な其の後に在り。然る後、方に此の言の我を欺かざるを知る。

と述べるに到ったのである。（『文集』一）

勿論、同志会時代を通じて仁斎の見解には「尚ほ旧套に仍りて後来の渾化に若かざる」ものがあったが（「志学章講義」に対する東涯の跋）、寛文八年の『私擬策問』（『文集』五）においては已に大学は孔子の遺書にあらずといい、中庸がかえって孔子の心を伝えているという後年の定論が成立しているし、また当時、既に『論語古義』・『孟子古義』・『語孟字義』の草定をも行いつつあったのである（『読予旧稿』参照）。

同志会周辺の人々

この頃に同志会やその周辺にようやく後年まで仁斎と親しく交わった人々が現われて来た。寛文二―三年の頃に荒川景元・林宗孝・小河立所及びその父の承意、寛文五―六年の頃には平井春益・村上昌庵・村上冬嶺・西谷道室及びその婿中島義方、寛文九年の頃には原芸庵が仁斎の世界に入り来り、彼らが逆に仁斎を広く京都の生活へ曳き出す手引きをしたのである（『紹述先生文集』『先游伝』等）。

これを助けた今一つの因素は、彼の結婚であろう。四十を過ぎて後ようやく妻帯し、寛文十年、四十四歳の中春に長男東涯（源蔵）をもうけたが、仁斎は妻が妊娠中、毎夜孝経並に聖経賢伝の佳書等を読んではこれを講読して聞かせて胎教を行ったという（『秦武卿聞書』）。妻嘉那の父は医師の法橋尾形元安であり、従兄は富商の尾形元真で、従弟には儒者の尾形宗哲と芸術家の光琳・乾山がいた。尾形家はいわば元禄期の京都町人の代表的家族であった（附録第二参照）。また仁斎の母の実家は連歌の宗匠里村家であったから、母方の親戚には貴顕富商の間を周旋した社交的な専門文化人が多くいたのである。仁斎はこれらの人々とようやく親しく交わると共に、彼らを媒介として、彼の名声にひきつけられた多くの人々をもつようになった。「始めて門戸を開き生徒を延接す。来者輻輳して戸履常に満つ。」といい、「予往年過つて諸友の為に推されて自ら門戸を開き、以つて学者を待つ。此れ従り四方の士、従遊すること日に衆く、道を問ふて已まず。」とあるのは、寛文初年の事情ではなく、やや遅れたこの時期のことであろうと思われる（『行状』）。

こうした時代に――延宝元年（一六七三）五月に京都に大火が起って仁斎の宅も罹災し全焼した。仁斎は家財をすててただ古義の藁本一部を袋に入れて難を避けて京極大恩寺に住居した（『盍簪録』）。これより先、母は膈噎を患っていたが、仁斎は三年の長きにわたって孝養をつくした。熊本の細川侯が仁斎の名行を慕って招聘した（『先哲叢談』によれば千石の高禄を以て）が、母を侍養する人がないという理由で辞退した（『行状』）。（『文会雑記』や『新蘐面命』に紀州公の招きを辞退した話やそれにまつわる逸話を伝えているが、いずれも伝聞の誤である。）仁斎の母はついにこの年の七月にその仮り住居で歿した（年七十一歳）。臨終に合掌して仁斎の孝養を感謝したので、座に居合わせたものが「感涕」したという（『行状』）。それを聞いて越前の大安侯（松平光通）が使幣・海物を仁斎に賜うたという。その後、仁斎は諸方に借財をして家を建て、冬に落成したので自宅に帰った。翌年また父を喪ったので仁斎は足掛四年の喪に服した。そして延宝四年、五十歳で除服したが、この三年間仁斎は専ら沈思のうちに年を送った（『詩集』『行状』）。おそらくこの間に『同志会筆記』が集録されると共に、同志会は一応中絶の形のまま消滅したものと思われる。

かくて延宝五年、仁斎は五十一歳の元旦を迎えた。

元旦の感懐

千載寥寥洙泗伝、纔来葱嶺為周羅。
旧聞勧学蘭陵令、未見知言鄒孟軻。
冒雪緑萱芽欲展、出渓黄鳥韻初和。
老夫猶有余年在、無厭切磋兼琢磨。（『詩集』一）

学問的立場の確立

我々はここに『読予旧稿』の言葉――「其の後三十七八歳、始めて明鏡止水の旨の是に非ざるを覚り、漸々に類推し、之れを実理に要むるに、釁隙百出す。而して語孟の二書を読むに及んで、明白端的にして殆んど旧相識に逢ふが如し。心中の歓喜言諭す可からず。顧みて旧学を視れば将に一生を誤らんとせしが如し。」

とあるのを思い合わすのである。即ち三十七‐八歳以後に年月を重ねてようやく語孟二書の中に自己を発見し得た仁斎は、ここに至って、彼独自の学問的立場が確立したことを自覚したのである。雪を冒して芽の展びようとする緑萱や、渓を出て韻の初めて和す黄鳥は、まさに真に自己の学問を完成しうる方向を見出した仁斎自身の姿でなければならぬ。仁斎は大きな抱負をもってその研究を進めることを自らに宣言したのである。

講席を「水哉閣」と号する

この年、仁斎はその講席を「水哉閣」と号して、彼の学の一世を覆うことを期待した（『詩集』）。またかの松下町の僑居から彼を京都へひき出す役を勧めた井上養白が、ちょうどこの年に京都を去って越前に赴いたのは余りにも象徴的である（「送井上養白赴越州」）。仁斎はもはや、養白を必要としなくなったのである。

第三　老年時代

一　交友

古義堂塾の隆昌

『古学先生行状』に、「是より論・孟・中庸の三書を反覆輪環し、終りては復た始め、旁ら易・大学・近思録等の書を講じ、四十余年の長きにわたって教授して倦まなかった。」という。こうした老年期の仁斎の学問研究の環境について東涯は、『古学先生行状』の中でこう語っている。

名望日に隆んにして遠邇(近遠)に達するや、搢紳家左を虚にして以て待つ。乃至士庶の往来して京を過ぎ、稍々志有る者は有学無学を問はず、一たび其の面を識り一たび其の講を聴く事を願はざること莫し。道要を叩問し、疑難を質正し、虚にして往き、実にして帰へり、歎服せざること莫し。刺を投じて来り謁する者、録に著るす事凡そ三千余人なり。

『門人帳』とその内容

また『盍簪録』にも「先生、生徒を教授すること四十余年なり。諸州の人、国として至らざること無く、唯だ飛驒・佐渡・壱岐等二―三州の人僻遠にして録に著せず。門に及んで謁を執るの士は千を以て数ふ。」とある。今日、古義堂文庫に、表紙に『門人帳』と書き内に「初見帳」と誌すものがあって、その一部はまたそのまま浄書されて「諸生納礼志」と表書きされている。これらのいわゆる門人帳には仁斎五十五歳より七十三歳にいたる十七ヵ年に七百数十人の姓名が記されている。しかしその中には仁斎の道を慕って入門し「旦夕叩咨」したものもあるが、単に都見物の序にたちよったものや、また仁斎が不在であったので東涯が代って会見した訪問客、さては仁斎が会見後、その姓名を失念したが、再度の来訪がなかったので帳簿に姓名の載せられなかった者等があって、単に初見の人名を録したに止まるものが多く含まれている。納礼とは礼をもって謁を執るという意味であって、弟子となって教授を受け謝礼を納めた意味ではない。現に「納礼志」と『初見帳』とは全く同一内容である。だから著録の者が必ずしも仁斎の人格や学問と内的に共鳴したわけでもなく、また仁斎の生活関係に組み入れられたものともいいえない。従ってそうした通りすがりの訪問客や臨時の聴講者を含めた『門人帳』を取り上げて、記載の人物を仔細に検討することもなく、ただ外面的に身分職業別に分類統計して、仁斎学の生活環境や学問の特質を割り出そうとするのは、誠に粗雑な態度といわねばならぬ。

もし我々は老年期の仁斎の生活関係を正しく見究めようとするならば、『門人帳』よりは、むしろ『先游伝』を見なければならぬであろう。

『先游伝』

『先游伝』とは仁斎の長子東涯が享保十四年に著わしたもので、亡父仁斎が「古を述べ道を倡へし当日、親朋の過従し、弟子の親炙せる者」の略伝を集めて「親旧門人の名貫事行（めいくわんじかう）」を子孫に知らせようとしたものである。これらは「先子と交り且つ従ひし者」のうち、特に「親厚有り」「相信（さうしん）の厚き」者のみであって、「交りの浅きと終らざる者」とは載せないと但し書きをしている。故によし仁斎が彼らと相識るに到った動機が偶然であっても、面識後は仁斎の人格と学問に深く共鳴し、且つ終生その共感を持続したのであるから、まさしくそれらの人々との交際は必然的であり、強くいえば仁斎が彼のおかれた元禄期の京都という歴史的・社会的環境中から選び出して彼自身の生活環境の構成員としたといいうる人々である。

『先游伝』の構成者

もっとも『先游伝』には「身、今存する者」「其の子弟に因りて識る者」、東涯の「詳知するに及ばざる者」はあげぬ、とことわっているが、仁斎・東涯父子の『日記』・『家乗』・『詩文集』及び『門人帳』等と照し合わせると、まず大凡（おおよそ）は『先游伝』によって知り得ることが判るのである。そしてこの『先游伝』に載（の）せている人物は、少数の土豪や武人を除くと大体は京都の根生いの分限者（乃至大名貸する根生いの分限者）と専門文化人で、彼らが仁斎の生活環境の中核をなした事実を識るのである。そして『先游伝』には『朝紳は下たる者の遠慮より之れを援』かぬとことわっているから、貴族階級――即ち公卿をこれに加えねばならぬ。公卿については仁斎及び東涯の『日記』並びに『詩文集』によって補うことが出来る。

1 専門文化人

高級医師㈠ 井上養白

さて先に述べたように、仁斎が青年時代に松下町の隠棲生活の間にあって、ただ独り交際したのは井上養白であった。養白は丹波保津（京都府亀岡市）の人で医業を有馬玄哲に受け、ついにその婿となり、後に法眼に叙せられた（『先游伝』）。彼の妻の姉妹が後に述べる京都根生いの分限者小河承意に嫁した関係から、まず承意が養白を通じて仁斎の生活関係に組み込まれて来た。承意は立所と弘斎の二子を仁斎の同志会開催と同時に堀河塾に入門させた。この事はその後の仁斎の環境の形成が

高級医師(二) 平井春益

高級医人によって最も強力に援助される因縁をあらかじめ示すものであった。

ついで寛文四年の頃には、後西院の医官となった平井徳建(春益)が仁斎の生活関係の中に入って来た(『紹述先生文集』巻十三「平井東川墓碑」)。

彼は美濃の室原(大垣市)の人で世々郡の望族であった。踰冠(十五歳)にして京師に遊学し、饗庭東庵の門下生となって医術を学び、また宇都宮遯庵に従って儒学を学ぶと共に、この頃より仁斎と交わり始めたようである。『先游伝』には、「初め紹介に由らず刺を投じて門に踵る」と記している。やがて徳建は寛文六年に得寿院法印平井春沢の婿となり、姓を平井と改めた。養父の平井春沢は江州の産で、「幼より書を善くし、又好んで書を読み、長じて洛に来り、業を二品伏原清公(宣幸)に受け、六経・百家の書に通じ、最も四書・周易に精し」く、後に医を養寿院法印に学んで医師となった人である。さて徳建は後西院の時に内医となり、甚だ眷注を被って医官となり、累階して法眼に至り、元禄年間に一時紀州藩に仕えたが、僅か六年で致仕して京都に帰った。子の春沢・春城はみな仁斎に師事した。東涯は「予に於て往来する者已に三世なり。」といっている。儒学の教養に富んだ高級医師で、仁斎の天和二―三年（一六八二―三）の『日記』によると、その頃既に最も親交のあった専門文化人の一人であったことが判る。『先游伝』によれば、春益は『甚だ先子の道を信じ、時に人の為に誘説して其の服膺を勧めた。」という。彼によって仁斎の生活関係が拡大したことを知るのである。例えば春益は父の代より交わり深かった伏原宣幸を仁斎に紹介したらしく、しばしば宣幸の使者として仁斎に連絡しているし、仁斎が伏原家を訪ねると相客に春益がおり、平井家を訪ねると相客に宣幸のいる事がしばしばあった。仁斎の宅へも両人同道で訪問し来ることがあって、互いに「夜話」の茶会や「漢和」の連句を楽しんだ。また後年に近衛基熙が仁斎を識ったのもこの春益が近衛家のお抱医となったことが縁となったものと思われる。更に春益を中心とする社交の世界が仁斎の新しい生活関係に取り入れられて行った事情は次の東涯の詩によっても知ることが出来る。即ち『紹述先生文集』に、「元禄四年陪二平井春益筵一次二赤正逸韻一」の詩があり、春益の宅における集会の席で初めて赤正逸と近づきになり、「熟談恰も旧相識に似」た親しさとなったことを詠っている。高級医人が京都の広い交際の世界に仁斎をつれ出して行く経過を知ることが出来る。

春益と親交があり春益の宅でしばしば仁斎と相客となったものに法眼岸本寿軒がいた。『紹述先生文集』によると、「先子に従ふこと数十年」とあり、仁斎の『日記』にもしばしばその名を留めている。ことに天和三年二月九日に仁斎は東涯をつれて立太子節会の拝観に禁中に出かけている。仁斎は『日記』に、「口に而生嶋玄隆被レ出候にあひ申候。をくにては原芸庵・岸本寿軒など馳走にて御座候。」と述べている。高級医師が貴族の世界へ彼を案内したことを象徴的に示す事実であろう。彼はまた岸本寿軒宅で平井春益・浜田文四郎と相客になり（『仁斎日記』天和二年十二月二十二日の条）、また文四郎宅で岸本寿軒を相客として漢和の連句を楽しんでいる(『仁斎日記』天和三年十二月八日の条)。文四郎は伊勢の国司の子孫というその地方の豪家であるが、京都に寓して貴顕の間に遊んだ社交人で、岸本寿軒・平井春益を媒介として仁斎の世界に入って来たものであろう。

高級医師(四)原芸庵

岸本寿軒と親しく、立太子節会の拝観に仁斎を手びきしたものに原芸庵がいる。『紹述先生文集』の「原芸庵墓碑銘」の辞に、「君之従ニ吾先君子一、在ニ我未生之時一」とある。東涯は寛文十年四月に誕生したから芸庵もまた同志会時代の初期に仁斎の世界に入って来たわけである(寛文十年には芸庵二十八歳仁斎四十四歳であった。)。彼は播州姫路の生れで父に従って大阪に来たが、成長して後に京都にうつり、通仙院法印瑞堅を師として医術を学び、また宇都宮遯庵に儒学をうけ、後に仁斎に従って学んだ文化的教養に富んだ高級医師であった(『紹述先生文集』)。彼は仁斎を「尊信すること特に甚しく、其の卓見に服し」ていたという(『先游伝』)。彼は九条家へ出入していたことから、仁斎を九条家に周旋したのである（『仁斎日記』）。更に師の宇都宮遯庵をも仁斎に結びつけたことは仁斎の『日記』の天和三年十月四日の条に、

一、暮ゟ原芸庵へ夜話に参候。村上法印・北村伊兵衛・宇都宮由的（遯庵）被出候。由的初而近付ニ成申候。

とあることによって知ることが出来る。

高級医人が当時の社交界の中心であり、仁斎とこのような医師との接触の増加が、直ちに仁斎の生活関係の拡大を齎らした事情を見ることが出来る。

高級医師（五）村上友佺

先にも述べた通り、原芸庵と親しかった医者に村上友佺がある。『東涯家乗』に宝永二年（一七〇五）に友佺が歿したことを記して、「先生四十年来之知友ナリ」と書いている。宝永二年より四十年を逆算すると寛文六年頃に当る。当時、友佺は四十二―三歳、仁斎は四十前後になって、『先游伝』に友佺が「中歳後先子を識る」とあるのに符合する。彼は丹波の保津の豪家で、先述の井上養白と同郷である。仁

斎が彼と識り合ったのは、或いは養白の紹介によるものかも知れぬ。友佺は小方(こがた)脉術（小児科）については当時最も優れており、御医班に列(つらな)り法印に至り、春台院と称し冬嶺と号した。若い時から京都に遊学して、那波活所(なはかっしょ)の門に入り、坦庵（伊藤）・存庵（有馬）と友人となって親しく交わった。生れつき史書を読むことが好きで、多くの奇書を所蔵して朝夕それを繙(ひもと)き、手づから丹鉛(たんえん)を施して、老年になってもやめなかった。「身に官繫(くわんけい)無く置園(ちえん)百畝、蔵書千巻なれば吾が願ひ足れり」と語る有閑文化人であり、高級医人であった。晩年に伊藤仁斎・北村篤所(とくしょ)・堀蘭皐(らんこう)らと会集して詩社を結び、『二十一史』を会読したことは後に詳述しよう。『先游伝』によると、冬嶺と仁斎は「時々折柬(せっかん)して相邀(むか)へ」、「唔語(ごご)日を移し」た、また「頻々と会集して詩を賦(ふ)し書を読んだ」とある。更に天和二―三年の仁斎の『日記』によると、仁斎と村上冬嶺とは勘解由小路(かでのこうじ)・花山院・北村伊兵衛らと共に互に自分の家を会所として大学衍義(えんぎ)会や漢和連句の会を催している。この元禄期京都の社交界の花形村上冬嶺によって仁斎の生活関係の拡大したことは想像に余りがある。

さてこの村上友佺と親交のあった医師有馬存庵がいる。『近世畸人伝』によると、「父子兄弟に及ぼして四世医を業とし、伊藤氏と四世の交りあるよし蘭嵎の『傷寒神解』の序に書けるは、仁斎先生の考(父了室)より東涯・蘭嵎兄弟を経たるなるべし。」と述べているが、これは世代の計算の誤りらしく、良及(存庵)が仁斎の父と交わりのあった証拠は見つからない。初代良及(存庵)は後水尾院が特に召して御医とされ、法印の位を与えられた人で、『近世畸人伝』に嵯峨角倉氏邸に治療に赴いた話や、茶事を好んで百貫の茶碗を求め、北村季吟がその茶碗を見に出かけた話を伝えている。存庵は公卿・富商・専門文化人との交わりの広い高級医師であった。『紹述先生文集』の記事より逆算すると、仁斎と存庵は貞享の頃には既に交わりの親しかったことが判る。仁斎はしばしば存庵を訪ね、元禄元年には「涼及亭に遊ぶ」という詩を残したりしている。

高級医師と社交界

このように仁斎の世界には実に多くの医師がいた。右に述べたものの他にも、「相識ること最も久しく」且つ青山大膳の臣山口勝隆を仁斎に紹介したと思われる坂口立益、仁斎とよい衆西谷道室の間を周旋した山我宗敬、「先子の真儒たることを信じ」古久保勘右衛門・小河茂介・岡村清左衛門等の間を周旋した針医の井川元春、土豪出身の専門文化人で且つ貴紳・富商達の社交界の中心であった北村伊兵衛を仁斎に入門させた木村重、其他十数人の医師を『先游伝』の中に数えることが出来る。また梅宇の『見聞談叢』には奥田以三という仁斎と親交のあった医師の名が見える。

高級医師が当時の社交界の中心であり、公卿・富商を結ぶ紐帯(ちゅうたい)であったことを思い合わせると、如何に彼らが同志会という狭い世界を出て広い京都の社交界へ進出する仁斎を手びきするのに貢献したかを知ることが出来るであろう。

親戚の高級医師

そして仁斎の親戚にもこの種の高級医師が多くあったことは、彼らがまた仁斎

親戚の芸術家

を京都の社交界へ広く紹介したことを思わせる。即ち姨(おば)の夫の大須賀快庵や、その同族の大須賀宗節、妻嘉那(かな)の父の尾形元安や、後妻総(ふさ)の父の瀬崎豈哲(がいてつ)と、総の兄弟の加藤柳軒(りゅうけん)、更には従兄弟の伊藤正知は、すべて医師であった。

仁斎の親戚にはこれらの医師の他になお多くの専門文化人があって、仁斎の生活関係の拡大に作用したのである。中でも母の里方の里村家が大きな力を持ったことが考えられる。即ち里村北家には玄祥や紹甫(しょうほ)(紹兆)があり、彼らは連歌師という職業的社交家であった。玄祥や紹甫は仁斎の『日記』や『詩文集』にしばしば現われて来る。『基熙公記』によると、元禄三年八月二十四日に法眼兼寿——彼も仁斎の友人で、専門の連歌師である——の主催した連歌会が内府(だいふ)(近衛家熈)の邸で催され、近衛基熙や裏松宰相(意光)等が出席すると共に紹兆(しょうちょう)(紹甫)がこれに参加していることを知るが、この事によっても連歌師としての彼らの社交の範囲の広さと、仁斎への影響の深さを思うことが出来るであろう。また里村南家は新在家(しんざいけ)中ノ町にあって、昌程・昌陸・昌隠が活動していた。当時連歌が公卿・富商・文化人の間に広く行われていたことを思い合わせねばならぬ。また今一人の仁斎の姨（おば）は新町今出川下ル町の田付常堅に嫁し、その子に常甫（恕報）があり、常甫は天和の頃に東宮の御用を承り製品粗雑のかどで閉門を命ぜられたが、当時京都随一の蒔絵師であったことは『京羽二重（きゃうはぶたへ）』によって知ることが出来る。この常堅翁の後園（こうえん）には元禄の頃に牡丹の花園があって（『基熙公記』元禄二年二月十一日の条によると、「当時貴賤と無く牡丹を愛し都鄙に及ぶ」という。）、客を招いて宴を張ったことがある。田付家も当時の上流社交界の一中心であったことを知るのである。『門人帳』によると、京都の有名な菓子司虎屋吉三郎が恕報の紹介によって仁斎に入門している。これも親戚の文化人が彼の生活関係の拡大に働いた事情を伝える史料であろう。

親戚の儒学者

また親戚の専門文化人には上長者町油小路西へ入ル町の尾形宗哲がおり、また仁斎と同族で「東洞院」に住む伊藤宗恕がいた。これらは『京羽二重』に「儒者」

として掲げられている者で、共に当時京都一流の専門文化人である。中でも宗恕は先の村上冬嶺と共に当時の京都の文化荷担者達の間を周旋した文化人中の代表的花形であった。なお仁斎と終生親交のあった儒者に高倉通椹木町下ル町に住む宇都宮由的（遯庵）がいた。

その他の専門文化人

その他親しい友人には油小路中立売下ル町の書家の佐々木志須磨、奥州侯の笛吹でその実子が仁斎に入門した平岩源兵衛、禁裏の画工で土佐光信の末である中立売西洞院西へ入ル町の土佐刑部、新町二条下ル町の絵師狩野縫殿介や、古筆了音、香道の祖米川常白がいた（『見聞談叢』）。（乾山尾形権平も年頭の挨拶に仁斎宅を訪れたことがある（附録第二参照）。）

社交界への案内者

これらの多くは『京羽二重』にも載せられている当時の京都有数の専門文化人達であり、社交界の花形であって、彼らはそれぞれ公卿や富商の間を周旋することによってその生活を形成していたのである。これらが仁斎を広い京都の世界へ案内することに働いたことは容易に想像し得る所であろう。

2　公卿

公卿との交遊

以上の文化人を媒介として仁斎の世界に急激に入って来たのが公卿である。同志会時代に仁斎の生活関係の中に関わりを持たなかった公卿の世界が急激な速度で仁斎に広々と展かれて来たのである。

さて彼の生活環境の内に公卿が姿を見せる最初の証拠は、延宝二年に後水尾天皇の勅版の『皇朝類苑』を七条隆豊から長年借覧していたところ、この年の京都の大火に焼失したことが、東涯の『盍簪録』に記されている。また延宝四年十月父母の喪が明けた直後の冬に菊亭今出川公規と交際をはじめ、『文集』に「題菊亭藤公所蔵怪石筆架」の詩を残している。また延宝六年元旦の詩によって勘解由小路家との交わりを知ることが出来る。そしてこの頃より花山院定誠、伏原宣幸との交際を生じたことが後の『東涯家乗』の記事から推測出来るのである。

交遊した公卿

天和二－三年の仁斎の『日記』によると、菊亭（今出川）（公規 四十六歳、権大納言正二位左大将）・勘解由小路（韶光 二十一歳、従四位上兼東宮学士）・伏原（宣幸 四十七歳、非参議従三位大蔵卿）・花山院（定誠 四十五歳、権大納言正二位右大将武家伝奏）・富小路（永貞 四十四歳、非参議従三位）・九条（輔実 十五歳、権大納言従二位）・西園寺（実輔 二十三歳、権中納言正三位兼中宮権大夫）・七条（隆豊 四十四歳、参議正三位左兵衛督）・清閑寺（熙房 五十一歳、権大納言正二位加茂伝奏）・油小路（隆真 二十四歳、参議正四位）・中御門（資熙 四十九歳、散位前大納言正二位、蟄居中）・舟橋（相賢 六十六歳、非参議従二位刑部卿）・東園（基賢 五十八歳、散位前権大納言、蟄居中）・中院（通茂 五十三歳、散位前権大納言正二位）・柳原（有雅 四十二歳、参議正三位右中将）・千種（有能 六十九歳、前権大納言正二位武家伝奏）の外に広庭・野宮等がある。天和以後に日野・愛宕が加わり、日光門跡（輪王寺門跡）・竹内門跡（曼珠院門跡）・青蓮院門跡・毘沙門堂門跡・梶井門跡（三千院門跡）等の法親王と交わったことを除けば、延宝四年以後天和二－三年に到る僅か五－六年の間に、まず後年まで親しく交わった公卿の殆んど全部が出揃った観がある。仁斎の『日記』の天和三年八月二十七日の条を上げると、

一、朝飯後、九条殿・七条殿・西園寺殿・花山院殿へ参候。

とあって、新しい世界が急激に開けて来た事情を見るのである。

そしてこのような生活が晩年まで行われたことを思うと、これは確かに彼の学問完成の地盤となったことを知るのである。即ちこの事は仁斎が最も親しかった伏原宣幸・勘解由小路韶光・花山院定誠・富小路永貞について十分知ることが出来るであろう。

宮廷学との交流(一) 伏原家

伏原宣幸は東涯が宝永二年にその『家乗』に、「先生三十年来之懇意なり。」と記していることによって、おそらく延宝四年に仁斎が父母の喪をあけた直後からの交際であろうと思われる。『日記』や『家乗』によると、仁斎は生涯実に頻繁に伏原家と往来している。東涯は後年回想して、「大府卿清宣幸卿は家世々搢紳にして明経の専門なり。時時先子を招致して古を譚じ文を論ず。胤(東涯)毎に侍行せり。或は夜を卜して、往往燭跋するに至る。」と述べている。そして『基熙公記』によると、元禄三年十月廿四日、「内々有レ仰、右府・内府・左大将・二条大納言、其外禁中祗候の月卿雲客三十人許被二召寄一て、伏原宣幸の『孟子』の講釈を聴かせたことがある。『羽倉信元日記』によると、元禄三年十月より七年四月までの間にしばしばこの講義が続行せられている。ここに仁斎学と宮廷学との共感交流が認められるのである。

宮廷学との交流(二) 勘解由小路家

こうした交流をより強く考えさせるものは勘解由小路韶光である。仁斎はしばしば勘解由小路邸を訪問し、その邸において催された共同研究会に出席している。後にも見るように輪番で会員の宅を会所とする共同研究会を行うと、韶光もまたこれに出席しているのである。ことに天和二年七月六日には韶光が会所へ出て自ら『孟子古義』の講釈をし、仁斎もまた同時に『論語古義』の講釈をしたことがある。そして韶光が天和三年東宮学士に任ぜられたことを思うと、仁斎の学問が貴族の世界へ深く浸潤して行くと共に、また宮廷学との交歓の中に彼の学問（古義学）がその形を整えて行った事情を知ることが出来るであろう。元禄十五年には『桃蘂編勅撰』の序について仁斎が韶光に協力していることがある。
仁斎は「右少弁藤公韶光閣下に上る」詩の中で次のように述べている。

南家儒業委塵埃、　忽看郎君独蓄材。
天下無虞縁道術、　朝廷有慶是人才。
菅神廟外将枯艸、　平野祠前未放梅。
猛省一番還著力、　莫随流俗徒徘徊。　（『詩集』二）

宮廷学との交流(三) 富小路家

流俗に従って宋学に溺れることなく、猛省一番宮廷の古学を復興せよ、とよびかけている。仁斎学の性質が偲ばれる。

また富小路永貞については、東涯は『家乗』の中で、「日来古学崇信之御人なり。」というている。特に元禄十四年頃より仁斎の歿年に至る間には実に頻繁に仁斎と互に往来し、仁斎は永貞の請によって『論語』・『孟子』・『中庸』・『西銘』・『大極図説』等の講義を次々に公の邸で行っている。また公の宅で『国語』・『列子』・『八大家文』等の会が次々に催されて多くの専門文化人がこれに参加することがある。殊に元禄十五年には永貞を通じて仁斎の「送二浮屠道香一序」が天皇の許に達した。東涯は「家門之面目也」と喜んでいる。更に宝永元年十二月九日には永貞邸で仁斎父子が「殊之外馳走」をうけたことがある。

宮廷学との交流(四)西園寺家

また西園寺家は、『日記』天和三年三月二十九日の条に論語の講釈に参邸した記事があり、その後も度々訪れている。三年九月二十一日改元の談合の為に参邸し、十二月十日には「改元之定辞」を代作して公(実輔)の邸に送っている。仁斎の学問が宮廷の学と親密な関係にあったことを物語る事実であろう。

花山院家

花山院定誠も延宝頃よりの交際であることは、宝永元年逝去の日に東涯が、「先生三十年往来也」と『家乗』に記していることによって知ることが出来る。天和三年の仁斎の『日記』には、花山院家で大学衍義補会が催されていることが記されている。

今出川家

菊亭今出川公との交際については東涯は、「菊亭藤公は予父子造り謁すること已に三世なり」というている。公規・伊季・公香三代を通じて親しい交わりがあったというのである。既に延宝八年に菊亭家の『日次記』に仁斎が『中庸』の「講談」に参邸した記事があり、その条下に「二七日中庸談日」と書かれてある。天和二年の『日記』にはまた『論語』の講釈に参邸し、その他公の邸にしばしば出入している。元禄十四年には仁斎の門弟鳥居正圭が「彼の館の御子息伴読の為召置かれ」たことがある（『東涯家乗』）。

九条家

その他、九条家については『日記』天和三年五月二十八日の条に、

一、九条大納言殿へまいり候。論語学而之篇二章相すみ申候。講中野宮殿・中院殿・油小路殿父子云々。

とあり、また同年九月六日の条にも、

一、昼すぎ九条殿へ源蔵致二同道一参候。原芸庵被出候（先の医人の条を思い出されたい）。九条殿へ中院殿・

油小路殿隙入（ひまいり）故御出無レ之候。

とあって、九条家において『論語』講釈の講が催され、講中として公卿衆の集まったことを知る。その後も仁斎はしばしば九条家より送迎の乗物に乗って往来している。

その他の公卿との往来も仁斎の一生を通じて実に多く見られるのである。

仁斎学の同情者

先の専門文化人が彼の宣伝者・案内者であるとすれば、この公卿は仁斎の経済生活の支援者（パトロン）であると共にまた彼の学問の同情者（シムパ）であったのである。

3　根生いの分限者

大名貸那波屋

老年期の仁斎の生活環境の最も中心的な最も有力な構成員は大名貸する根生（お）いの分限者（ぶんげんしゃ）であった。仁斎が最も親しく交わり実にしばしばその『日記』や『詩文集』に名前を挙げているものに那波屋九郎左衛門祐英（古峰蕉窻（こほうせうさう））がある。那波九郎左衛門は『翁草（おきなぐさ）』に京都根生いの分限者の代表者として取り上げられ、『町人考見録』にも最も典型的な大名貸として特に詳しく述べられている人である。東涯も那波屋が「輦下に居を占めて百年に垂んとす」る「郷里に貲雄たるもの」であるというている。『考見録』によると、明暦の頃「親常有の時分は（中略）京壱番の有徳者也。親果て家を兄弟に分、素順は五－六千貫目、正斎は弐－三千貫目の身上と其頃風聞致し候。（中略）親果てより両人兄弟に早奢り出て、兄は小川二条上ル町にて松平加賀守殿屋舗を求めて大造の普請し、弟は小川三条上ル町仙台の御屋敷を求めて居住す。段々奢りの余り、素順は松平右衛門督殿より合力米弐百俵賜り（大名貸による──筆者註）、彼御家人と申、折々京都の町を槍を持せて往来す。弟の正斎は醍醐三宝院大峰入の節、山伏となって馬上にて帯刀、鎗をつかせ御供に加はる。時の御町奉行板倉内膳正殿（重矩、寛文八年より十年まで在職、時に仁斎四二－四歳──筆者註）両人を召され、町人として如レ此の有様不届に思召、両人共あがり屋入被二仰付一、其後御仕置にも可レ被二仰付一筈の所、御慈悲を以て首代として宇治橋かけかへ被二仰付一候。則近頃迄の宇治橋は那波屋掛申候也。」とある。『翁草』にこの事情を「強く咎むる時は他の障有に仍て、右の過料として宇治橋の掛直しを申付けるに、僅一ケ月の利息（大名貸の利息である。莫大な金額を見よ。――筆者註）にも足らずして彼橋成就し、己が姓名を橋の擬宝珠に彫せて益々名聞をほこりける。」とある。富有の程を知ることが出来る。この素順が仁斎と最も親交のあった九郎左衛門祐英およびその弟祐長の父であった。

那波屋との親交

誠に九郎左衛門は東涯のいうように「膏梁の子弟」、即ち根生いの分限者であったのである。そして「頗る文字を好み、居常、耆儒碩師の門に陪侍し親炙し、経に酔ひ史に飫き、歌を綴り詩を哦し、以て自ら楽しむ。所謂文章を以て園囿と為し、詩書を以て鼓吹と為す者」であった。彼は本宅の他に鷹峯（『紹述先生文集』巻二十一）・東山八坂（『同上』巻二十七）の景勝の地に知還堂・耕雲庵と名づける建物を含めた閑寂な別荘を営み、そこで富商や専門文化人と学問・詩歌・茶の湯等の社交を楽しんでいた（『紹述先生文集』巻二十一）。まさに典型的の「よい衆」であった。仁斎は彼の本宅湛然居を訪ね、また別荘には実に頻繁に招かれている。また時には輿に揺られて鷹峯に至り（元禄十年三月五日『紹述先生文集』巻五「遊鷹峯記」）、時には行厨を携えて彼と北野に遊んでいる（元禄七年四月二十九日『紹述先生文集』巻二十二）。仁斎はまた九郎右衛門の吟巻を批点し、中院三代の詠草を借覧している（『仁斎日記』天和二年十二月廿日の条）。また社交の席上で彼の韻に和して詩を作り、また同じ席上で『語孟字義』の講釈をしている（元禄八年十二月二日『紹述先生文集』）。彼の学問はそのまま九郎左衛門の生活にうけ入れられるものであったのである。

九郎左衛門は仁斎の「学行を信じ」てしばしば仁斎の宅を訪ね、仁斎もまたこの九郎左衛門を「吾友」と呼んだ。仁斎が九郎左衛門の『蕉窓余吟』に序して、「其の平生遊覧・会遇・簡寄・応酬の詩歌は皆在り、曁び客座に聞く所、社中に伝播するところの者は片言半語と雖も皆裒集編肇し謹んで録に備へざること莫し。其の志将に以て後嗣に貽して其の好学の篤きを雲仍（遠き子孫）に掲示せんとするなり。慮る処深しと謂ふ可し。」と称えている。また更に「蕉窓子の志行の美、記録の勤の若きは諸賢の序に具れり。余の言を贅するを俟たず。」と賞め上げている。

そして弟の祐長宅へも仁斎は東涯と共に招かれ、兄の祐英と同席して、主人祐長の韻に和して詩を作っている。

大大名貸の入門

そして『門人帳』によれば、この那波屋九郎左衛門は元禄四年（一六九一）正月、播磨屋長右衛門を同道して来て仁斎に入門させている。播磨屋はまた京都有数の大名貸で、『町人考見録』に「二条新町西へ入町薬種商売にて京壱番の薬屋と沙汰致し申候。然るに二代目長右衛門若年より栄耀に暮し、和歌・蹴鞠を好み云々」とある。仁斎へ入門したのはおそらくこの二代目で、那波屋九郎左衛門の社交の友であったのである。

また元禄七年八月八日に仁斎の親戚小見山涼甫が同道して来て入門したのは、和久屋九郎右衛門である。『門人帳』には「衣笠に居被レ申候」とあって、彼も当時の公卿・富商と同じように、衣笠に別荘を構えていたことを知る。そしてこの九郎右衛門は『納礼志』によると、「那波屋九郎左衛門従弟也。」とある。彼もまた京都有数の「大名貸する根生いの分限者」で、『考見録』に「室町通二条上ル町に住す。長崎商売又は大名貸致居候処、段々不手廻に相成、其上後の九郎右衛門不行跡者（つまり商売をよそに文化的教養に耽り仁斎に入門した如きを指す——筆者註）にて旁身上潰れ申候。那波屋などと縁家にてあるよし。今の西洞院池須町屋舗は中頃和久屋了運が屋敷にて、其節芸州の太守を請待せん為に殊の外結構に普請など致し申候。」とある（『京羽二重織留』によると九郎右衛門の宅が元禄二年にも室町通二条上ル町（池須町）にあった事が判る）。

また『納礼志』によると元禄十一年の条には、「那波や・和久屋などゝも縁家」といわれた井筒屋の名が見える。

また呉服所橋本元長の紹介で辻元内と辻玄淳の弟の辻□人（一字不明）が入門しており、また『紹述文集』には元禄四年の「方黙堂の請に因る辻昌賢東山十景の詩」がある。先にも挙げた「是も中頃の大両替にて加州・芸州・細川其外諸大名方多く引請仕送り致した」辻治郎右衛門の一党かと思われる（ことに辻元内の家は室町花立町にあって、辻治郎右衛門の「室町出水上ル」の宅に接近していることは注意される）。

また元禄五年五月には丸屋治郎兵衛が入門しているが、『考見録』に「室町通蛸薬師」に「一家同町に五―六間も有レ之」、「元禄八年頃に没落した丸屋一族」の「花房一党」でもあろうか。

また『東涯家乗』によると、元禄九年十月にて阿形氏の招きで高台寺に遊び、元禄十六年九月には「東洞院下立売下ル西がは」の「阿形順的へ往き話」した記事がある。「陸奥守殿へはまり込、取替えた」大名貸のよい衆、阿形宗珍のことが思い合わされるであろう。

『先游伝』に載せられている荒木源泉は根生いの分限者であったが、彼もまた大名貸を行ったように思われる。『門人帳』によると天和三年（一六八三）猶子の荒木伊右衛門を紹介して仁斎に入門させたが、伊右衛門の住居は「四条通、室町・烏丸の間」にあったとある。『町人考見録』に大名貸によって「室町通のあら木同じく潰る」とあること、並びに『先游伝』に「其の家善醸を以て聞え、（中略）天資豪宕、生産を事とせず。（中略）晩年医を業とす。（即ち倒産した結果医となったのである）」とあるのを思い合わせると、荒木源泉はまた大名貸する根生いの分限者であったのであろう。『先游伝』には「深く先子を信じて崇敬怠らず。」とある。

以上の叙述によっても仁斎の学問並に人格が如何なるものの関心に応ずるかを充分知ることが出来たであろう。

親戚の富商尾形家

『先游伝』には同じく那波屋九郎左衛門の親友であった尾形元真がいる。尾形家は先述の如く仁斎の親戚で典型的な根生いのよい衆であったが、元真の父の宗甫や元真もまた（宗甫の弟の宗謙が大名貸をしていたり、元真が那波屋九郎左衛門と親交があったりしたことからも判断して）おそらく大名貸を行っていたことであろう。実際、当時の京都の富商にとっては西鶴の『男色大鑑』に「角屋敷ばかり六箇所、大名貸の手形まで腹替りの弟に譲り」とあるように、家屋敷

(それも街角の屋敷)を数多所持することと、大名貸することとが条件であったことが思い合わされるのである。『先游伝』によると、彼は「読書を好んで人品凡ならず」とある。元真は詩をよくして唐詩を好み、自ら選んだ『唐詩選』を仁斎始め当時の能書家に書かせて、これを屏風に貼りつけたことがある。東涯はこの元真を「学問奇特ナル人也」と賞賛している。元真とは延宝元年頃からの交際である。仁斎はまたその子の新三郎維定とも親しかった。維定は多くの手代を擁した呉服商(多分呉服所)で、その宅には半山亭という建物があって、ここで那波屋九郎左衛門や仁斎の従兄尾形宗哲、その他の根生いや専門文化人を招いて頻繁に社交をたのしんでいたのである。元禄元年の東涯の詩に、「交契雅り相ひ熟す、何ぞ来往の頻なるを辞せん。」と詠じている位である。

富商呉服所の入門

根生いの分限者(よい衆)の典型と考えられた呉服所がまた多く仁斎と親交あり、仁斎に入門しているのを見る。『門人帳』によると貞享三年六月に、「藤堂和泉守殿御呉服所」の「ひしや三定の子の十三郎が入門」し、元禄二年三月には「柳原式部殿御呉服所」の服部瀬兵衛、同六月には「佐土殿御呉服所」の藤江平四郎子息平助が入門し、宝永元年九月には「芸州三吉之御呉所」の辻紹□(一字不明)の子息藤右衛門が手代に連れられ入門している。また天和二—三年の仁斎の『日記』によると、呉服所徳屋勘右衛門や橋本元長の名が見える。

なお根生いの分限者には、伊藤基之がいる。『先游伝』によると、彼もまた「世(よ)々(よ)京に貫(かん)して富戸為(な)り」とあり、『考見録』に所謂「和歌を好むより堂上の公卿と交は」った典型的な根生いのよい衆で、『先游伝』には「雅章・通茂諸公の間に周旋して其の指教を聴いた」とある。仁斎を「篤く信じて終身服事(ふくじ)し」た。仁斎もまた彼の死を悼(いた)んだ詩に、

交游三十年、愈(いよいよ)久(しく)益(ますます)知(る)賢(なるを)。
恭倹知(る)天性(を)、風流亦自然(なり)。

と、彼の根生いのよい衆としての生活態度を大いに称揚しているのである。

仁斎はこうした「生産を事とせぬ」根生いの富商の生活態度に対し、後に『考見録』が享保時代の勤勉な町人の立場から浴(あび)せたような――「商人心のない」「我慢な」「きがさな」「人柄の悪い」――といった非難をすることなく、かえってその生活を肯定し、その心意を賛えているのである。京都根生いの分限者の生活に仁斎の魂は強く共鳴をしたのである。

楽隠居の遁世者

更に仁斎は「商人心」のないために没落し全く「商売を仕舞ふて」隠棲した人々と、好んで交際してその生活態度に深く共感しているのである。我々はここで仁斎の青少年時代の家庭が実にこうした仕舞多屋(しもうたや)の没落過程にあったことを思い出すのである。我々はそれとともに、仁斎が長子の東涯に『扶桑隠逸伝』を与え訓点を施して繙読(はんどく)させていることや、仁斎自身が棠隠(とういん)・桜陰(おういん)と号したことを見逃してはならないであろう。

さて小河承意は「中立売に住み、家素と殷実なりし」が、承意は「天資豪宕にして生産を治めず」（『先游伝』）、「書を能くし古を好んで多く奇書を写蓄し」（「立所先生小河君墓誌」）、その妻もまた「有馬氏御医法印玄哲の女」で、「書を好み倭歌を嗜しなん」だ。為に「遂に屯艱（なやみくるしみ）を致し、後に北野に卜築し、灌園百畝以て自ら娯しみ」（『先游伝』）、なおも「勢利を逐はず」、子の立所・弘斎を仁斎に入門させて学ばせた。立所は仁斎に「相従ふこと最も久しく、衆推して上足とし」た。且つ仁斎の姪を娶った。仁斎は長子の東涯を連れてしばしば承意を訪ね、

寛間独占十余畝、　中有数椽茅屋幽。
机上時飜蘇米帖、　花間自荷溺沮耰。（『詩集』一）

と、その閑雅な生活に共鳴している。この閑居で仁斎は他の根生いの商人達を交えて漢和の連句をして楽しんでいる。

中村宗次も「世々京師に家し下立売街に住」んだ。根生いの分限者であったが、

「卉を栽え、茗を嗜み、素より雅趣あり。」為に「後、家道衰謝し、藤森に隠居し、時々先子の家を過訪し、晤語(相対して親しく語ること)晷を移し」た。仁斎と共鳴したのである。東涯はこの商人心のないために没落(と言っても相当裕かな生活である)した宗次を、「亦志有る人なり」と称讃している。

松村昌庵もまた「京師の人」で「先子に信従し」、「終身室らず、花を蒔き、園に灌ぎ以て自ら楽しみ、書を善くし」たし、恵藤一雄も「京師の人にして、中年業を捨てゝ学を勤め、先子に服事し、素より和歌を好」んだよい衆であった。

このように我々は実に多くの典型的な大名貸する根生いの分限者やよい衆が、仁斎に「接近」し、仁斎に「服事」し、仁斎の生活を支持し、仁斎の生活関係を形成すると共に、仁斎の学問の基礎となる体験を与えたことを知るのである。

彼の学問とこうした根生いの分限者との共鳴は、西谷道室にいたって最も象徴的となるであろう。西谷道室は「京師に住み、家素より豪なり。先人に従ひて学び、尊信の篤きこと古聖賢に異らず。居止接近し」て、「人を勧めて学を為さしめ、子弟をして先子を師とせしめ」た(『先游伝』)。西谷家は仁斎が最も頻繁に相往来した家で、先の那波屋と共に仁斎の保護者・同情者の双璧であった。彼の婿の中島義方は「弱齢より仁斎に師事し、古義・発揮等の書は多くは其の草定する所」であり、「古義初めて脱藁するや」、仁斎は「其の宅(西谷道室の宅)に就いて講討習定し」たのである。

我々はここに根生いが――根生いを通じて京都が、直接にも仁斎学の成立に参劃しているのを誠に象徴的に見ることが出来るのである。

仁斎の教学がどのような階級の関心を反映し、それに応じ、その生活と心意を支持したかを知るであろう。

4 社交

仁斎は市井の学者として上述したような根生いの分限者や公卿・専門文化人の

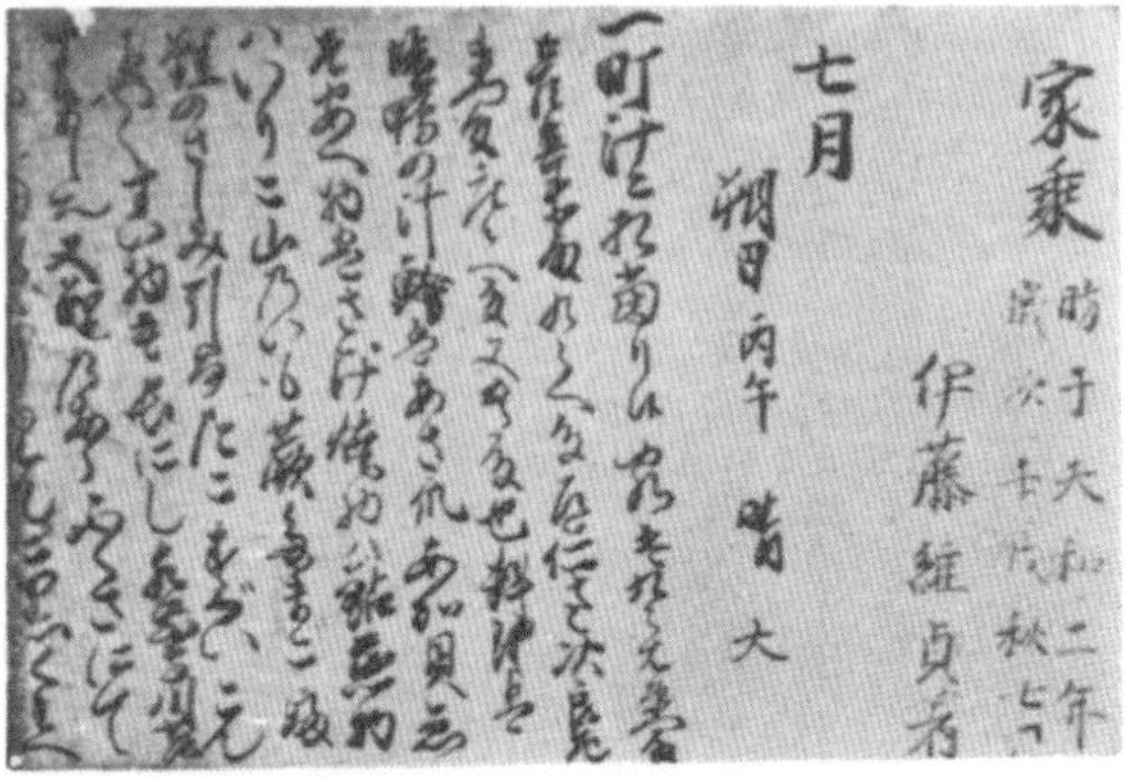

伊藤仁斎自筆『家乗』（天理図書館古義堂文庫蔵）

間を周旋して、大高坂芝山（じざん）のいわゆる「材を鬻（ひさ）ぐ」生活を送ったのである。即ち肥後侯の招きを辞し、僅か一両度水口（滋賀県甲賀郡）に出張した外は生涯を通じて封建諸侯に仕えることなく、全く市井の一儒者として経書（けいしょ）の講義にその生を終始した（『京羽二重』にも「儒者」の条下でなくして「儒書講説」の条下に収められていた）仁斎は、彼の家塾で講義することの他に、多くの時間を以上の貴族・富商・文化人との交際に費して、彼らの間を日毎に周旋する多忙な生活を送ったのである。

仁斎は先に述べた公卿・根生・専門文化人との交際の中で、どのような形で研究をし学問をつくり上げて行ったか、を次に紹介しようと思う。

先ず彼の塾における弟子達への講義があり、次は同志の間に催される研究会、第三は詩社や読史会、第四には茶話・夜話・振舞い・町汁（まちじる）等の集会がある。

これらの集会を仁斎の『日記』や東涯の『家乗』についてやや詳しく見ることにしよう。

塾における講義

さて寛文二年に仁斎は塾を開いて講義を行ったが、その講義は延宝年間四年の喪（も）によって中絶した後、再び開始された。この事を『行状』には、「丙辰の歳に及んで服闋（おは）る。十月始めて論語を開講す。月ごとに三八日を定む。是より論・孟・中庸の三書を反覆輪環し終っては復（ま）た始め、傍（かたは）ら易・大学・近思録等の書に及び、教授して倦（う）まざる者四十余年なり。」とある。天和二―三年の『日記』によると、日を決めて『論語』・『孟子』の「自講」の他に、『近思録』・『春秋』・『書経』・『綱鑑』等の「輪講」があって、同志会における輪講の形がなお存し、共同研究の色彩がなお濃厚であったが、大体門弟への教授の傾向が漸次強くなって行くように思われる。「私擬策問」においても寛文年間の同志会時代のものに共同研究的色彩が濃厚であるのに対し、後の者には生徒への試問的傾向が強くあるのと相応じている。

このような仁斎の塾を共同研究の場所とするものよりは、仁斎の家を離れたものにおいてかえって同志会的特色の強くあるのを見るのである。即ち同志会的なものの嫡系である諸種の共同研究会は今や仁斎の宅を去って同志の家を順々に輪番に会所とすることとなり、それだけ社交的色彩を濃厚にして行ったのである。

仁斎の天和二―三年の『日記』によりその一例をあげると、『大学衍義補』の会が仁斎の宅を初めとし花山院、特には勘解由小路邸および北村伊兵衛・村上友佺荒川景元・生嶋春竹・水野友雲等の宅をまわって会所とし、仁斎・北村篤所・勘解由小路韶光・村上冬嶺・荒川景元・並川内匠・村上安斎・村井真安・原芸庵・伊東芸庵・藤野春信らが集まって共同に研究し、会が終って夜に入って、しばしば催された漢和連句の興と融け合って、共々に社交的雰囲気をいよいよ濃厚にしたことを知るのである。

このような会は年と共に頻繁に催されたように思われる。東涯の『家乗』によれば元禄二年四月に小河茂七郎宅で天和三年十月以来続いた綱鑑会が終り、五月には村上友佺宅で楊子会が終り、同月に勘解由小路邸で文選会が始まり、元禄九年五月に坂口文安宅で晉書会が終り、元禄十四年十一月には村上冬嶺宅で「北村・村上丈ナド興行之五代史之会」あり、その会は翌年四月に終っている。元禄十五年十月には得生院で軌範会あり、十一月には富小路邸で陸宣公之会が終り、十六年八月同邸で国語会が終り、九月に始まった列子会がその年中に終っている。また宝永元年二月より富小路邸で八大家文の会が始まり、九月には得生院で唐鑑の会が始まっている。これらの限られた史料のみによっても、晩年にいたるにつれて、その頻度がいよいよ加わって行く事実を見るであろう。

『日本詩史』によると、「当時の諸儒二十一史を会読す。会すること月に数次。(中略)会主を輪す。必ず酒食あり。期に臨んで会主、或は他故あれば冬嶺必ず代りて主となる。故を以て社会綿々たること二十有余年なり。」とある(『日本詩史』)。このことについて『紹述先生文集』には、「既にして(冬嶺)退休す。先君子及び諸文儒と頻々として会集し、(中略)書を読む。予毎に与る。又北村篤所氏諸人と二十一史を会読す。月に率ね六日。寒暑伏臈を避けず。」といっている(『紹述先生文集』「詣村上冬嶺翁墓詩」)。『東涯家乗』によれば、元禄十四年六月二日「依二冬嶺丈の誘引一、又河辺待儔軒主人別業ニ遊、先生の外、客十三―四人あり。唐史官者伝何も会読あり。」、十六年七月十三日「待儔由道へ冬嶺の伝手にて何も遊興、宋史ナト被レ読」とある。学問研究が「必ず酒食」を伴い、「遊び」「遊興」として捉えられている。我々は先に述べた所の仁斎が同志会時代に始めた五経の会読こそ、実にこのような広大な社交の世界へ矛盾なく入りうる心の準備であったことを改めて思い返すのである。

詩社

そして更に社交的雰囲気の濃厚なものは詩の社会であった。『日本詩史』によると、当時の諸儒が『二十一史』の会読と同時に「詩社」を結んで会主を輪(りん)し、必ず酒食を供えて、それがまた二十有余年の長きにわたったことを述べている。そしてこの社交界においては、仁斎・冬嶺・坦庵が中心であった。坦庵が冬嶺・仁斎を招いて夜話をしたとき、仁斎の詠じた詩に

社中(の)耆旧多(く)淪謝(す)、只(だ)有(り)衰翁与(と)二公(と)
今夜春風楼上(の)酒、更(に)知(る)濃(なることを)似旧来(の)濃(より)(『詩集』二)

というのがある。仁斎が京都社交界の中心的人物である冬嶺・坦庵と共感した深さを知ると共に、仁斎もまたようやく元禄期京都の社交界の中心人物となっている姿を見るのである。

こうした「酒食」と「詩」をもって「遊興」する詩社には当時の「よい衆」がその会員として多く加わっている。元禄元年十一月尾形新三郎(維定)の招きによ

って半山亭に会したものは、主人新三郎に仁斎父子・村上冬嶺・北村篤所・尾形宗哲・那波九郎左衛門蕉窓であった。

交契雅相熟、何辞来往頻。
軒欄囲緑樹、門巷絶黄塵。
風隕井梧冷、霜埋籬菊新。
吟窓夜方永、都属読書人。（『紹述先生文集』巻之二十二）

と、東涯は主人の韻をついだ詩の中で詠っている。社交界の雰囲気とその交契が親密で頻りに往来した姿を知ることが出来る。さらにつづけて詠じて曰く

寒燈宵未艾、数聴漏声頻。
斟尽瓶中酒、浄無床上塵。
唫窮詩亦拙、坐久話還新。
勝集両三輩、欲追蹀古人。（『同上』）

酒食あり詩あり、坐久しうして話かえって新たなる社交の雰囲気を想うことが出

来る。誠に閑寂な遊びの世界であった、十二月六日、前田子弘に招かれたものは、仁斎父子・村上冬嶺・北村篤所・尾形新三郎・尾形宗哲・坂口文安・那波九郎左衛門であった。

清談侵二永夜一、落月映二疎扉一。
筵飽核殽盛、詩驚瓊玖輝。
寒帷燈焰寂、暁鼎淡烟微。
世事且抛擲、豈容レ論二是非一。（『同上』）

酒食あり、茶菓あり、詩あり、清談あり、世事を抛擲した人々の夜を徹する集まりの姿を想像することが出来る。元禄十年尾形黙堂（宗哲）に招かれたものは仁斎・東涯・村上冬嶺・北村篤所・景暉で、酒あり香あり詩あり。

留飲簞涼処、（中略）香乍聞二奇品一。（『同上』）

誠にこの種の会合は東涯のいうように

今日同携同社友、或詩或茗或傾觴。（『紹述先生文集』巻之二十七）

といった風のものであった。

このような会合の雰囲気の中に仁斎の古学が存していたのである。

（元禄八年）中元後会古峰子宅

又倒緑樽酔臉紅、欲揺軽箑取清風。

是非要路附炎客、真率会中古道濃。（『同上』）

世事を抛擲し要路炎につかぬ人々の社交のうちに「古道の濃やかなるもの」があるというのである。越えて臘月（十二月）二日再び古峰（那波九郎左衛門）宅に会した時、仁斎はその詩の集まりの席上で『語孟字義』を講じた。古道の濃やかなもののあるうちに古学が講ぜられる――社交界の雰囲気と仁斎の学問とは一つのものであった。

更にこうした会に貴族をも加えていた。仁斎父子もしばしば公卿達と詩社の交わりがあり、例えば元禄五年「日野公の詩社云々」のような詩の詞書を多く残している（『紹述先生文集』）。ことに元禄六年八月十三日には輪王寺一品公弁親王が、諸客の詩を賦（ふ）す者を招いて月を賞したことがある。『紹述先生文集』によると、会するもの――藤原宗堅・源好古・小寺珍義・釈恵海・水野子碩（しせき）・平井徳建・小河成章・藤原泰通・伊藤長胤（東涯）・釈智舜・釈義道・小崎成材・釈良按・仁斎・釈五淵・藤原韶光・藤原源龍・平井喩義・原永貞等十九人であった。

漢和連句の会

天和二―三年の仁斎の『日記』のみによっても味木松仙・伏原宣通・勘解由小路韶光らの宅で漢和連句の会が次々に催されているが、この漢和連句の会はよく「振舞ひ」と記されて社交的気分が一層濃厚になっている。天和三年二月七日荒川景元の「振舞ひ」に招かれ、相客として尾形宗哲・小河茂七郎・北村伊兵衛がおり、和漢連句の催しがあった。那波屋九郎左衛門の知還堂や耕雲庵・湛然居や、尾形新三郎の半山亭、その他富商・専門文化人の別業待儔軒（たいちゅうけん）・枕流亭（ちんりゅうてい）・晩翠窩（ばんすいか）、乃至東山の席貸宿阿弥（せきがししゅくあみ）らがこうした社交の場所であった。そしてこれらの本来漢

「振舞ひ」

和の連句を楽しむ席においても仁斎は漢和の遊興につづいて「論語の講尺（釈）」をしているのである。

こうした詩社や漢和の連句を楽しむ社交会のなお外側に「振舞ひ」として純然たる酒食中心の社交会があり、しかもその席上でもなお仁斎は彼の学問の講義を行っている。例えば、天和二年十二月三日坪内藤七郎へ「振舞ひ」に招かれ、おそらく岩橋検校が音曲を奏したと思われる席で「中庸の講尺」をした。また天和三年四月二十日味木松仙へ「振舞ひ」に招かれたところ、西谷道室・松原元伯・中島恕元（じょげん）の相客があり、その席で「臨時に」中庸の講釈をしているのである（『仁斎日記』）。

仁斎の学問は決して当時の京都の文化人達の形成した社交界（サロン）と離れてあるものではなかったのである。

二　学　問

1　著書

こうした老年期の生活環境の中で仁斎は壮年期に形成した独自の学問をいよいよ完成して行ったのである。これについて考え合わされるのは「私擬策問」である。東涯は『古学先生行状』に「寛文辛丑(元年)より元禄丁丑(十年)に至るまで凡そ三十余年、問を設けて諸生を策す。其の間、学問早晩の異同、亦概見すべし。」と述べている。寛文年代のものには生徒との共同研究の色彩が強く、後のものには生徒に対する試問的態度がつよいが、これらの策問は、いずれも仁斎自身の問題とする点を弟子達に提示して論文を作らせたもので、仁斎学の完成過程を示すものといってよい。これが寛文初年より元禄十年に亘っていることは、仁斎学がほぼ此の頃に完成したことを示すものであろう。仁斎の学問を代表する著書を挙げるとすれば、『語孟字義』と『童子問』であろう。『文会雑記』に、「仁斎、童子問・語孟字義ニテ一生ノ学問見ユル也。(中略)アノ通リ書作リ置度コトナリト、君修(松崎観海)ノ論ナリ。」（「日本随筆全集」第二巻）とある。事実、仁斎が歿した時、東涯が直ちに『語孟字義』と『童子問』を出版し、また併（あわ）せて『古学先生行状』を板行したことは、この二著を仁斎学を代表しうる著書とすることが仁斎門下の通念でもあったことを示すものである。そこでこの二著を首尾とする仁斎の諸著を紹介することにしよう。

『古学先生行状』には、「天和三年に稲葉石見侯正休（まさやす）、巡察して京に到る。為に『語孟字義』を著す。」とある。『仁斎日記』の天和三年五月の条によると、上巻を小河庄兵衛、下巻を

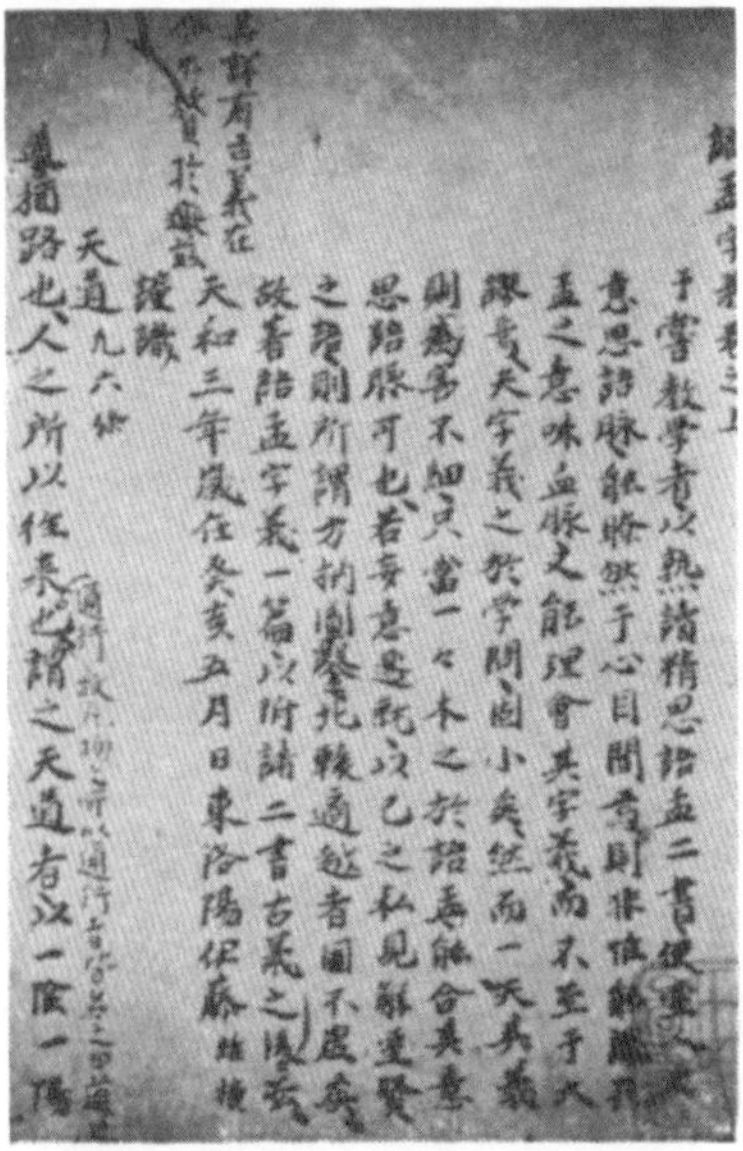

伊藤仁斎自筆『語孟字義』（最古稿本）
（天理図書館古義堂文庫蔵）

林源太郎が書写し、北村伊兵衛と小河茂七・同茂介が校合(きょうごう)したという。

今日、古義堂文庫に残っている『語孟字義』の最古の稿本を見ると、その本文は元禄八年仁斎に無断で江戸で刊行された贋刻本(がんこくぼん)(海賊版)に類似している。仁斎はその稿本に自から朱及び青で数回にわたって筆を加え、また条項を増補している。仁斎はその『日記』にも記しているように、その後もしばしばこの書を講じ、補訂を続け、今日、古義堂文庫に十数種の稿本を残すことになったのである。

『仁斎日記』の天和三年五月の条に、『語孟字義』と同時に『論語古義』・『孟子古義』・『大学定本』の三著を合わせて石見侯に進呈したことが記されている。

「稲葉石見守殿ハ仁斎ノ秘蔵弟子ナリ。堀田筑前守殿(正俊)ヲ刺殺サレシ前ニ、語孟字義ノ書写本ヲ封ジテ篋中ニイレヲキテ、没後ニ仁斎ヘモドサレタルトナリ。君修語レリ。」

(「日本随筆全集」第二巻『文会雑記』)

『語孟字義』の成立する前にまず『論語古義』が、ついで『孟子古義』が作られたものと思われる。仁斎自身も『語孟字義』の序に当る識語の中で、『語孟字義』著述の所以を述べて、「語孟字義一篇を著し、以て諸を二書の古義（『論語古義』と『孟子古義』の二書）の後に附す。」と述べている。

『論語古義』

『論語』は仁斎が「最上至極宇宙第一書」と仰いだもので、仁斎は力をこめてその註解に当った。東涯の刊本に「改竄補緝、五十霜に向ひて、稿凡そ五たび易る。白首紛如たり。」と記されている。仁斎は三十歳を越す頃より稿を起し、寛文初年・元禄九年・同十六年・宝永年間と幾度か校訂を加えた稿本を今日古義堂文庫に残しているのである。

『孟子古義』

仁斎は『論語古義』についで『孟子古義』の著述に着手したらしい。初校は寛文・延宝の頃で、元禄九・十・十二年の校定を経て、宝永に入り最後の校正をしたことが、古義堂文庫に現存する稿本によって知ることが出来る。

『中庸発揮』

こうして『論語』・『孟子』の精神を知り、それを照準として『中庸』が孔子の精神を紹ぐものであることを論証したのである。『中庸発揮』がこれである。伊藤蘭嵎が東涯の『中庸標釈』の序に、「我が先君子、毅然として舛を正し古を復するを以て己が任と為す。(中略)既に論孟を註し、後に此の書に及ぶ。」と述べている。

『大学定本』

以上の諸著が大体、天和三年(一六八三)以前にまず形を整え、その後仁斎の生涯を通じて補正されて行ったのである。仁斎はこうした研究の成果をもって『大学』を検討して、それが孔子の遺書でないことを論証したのである。仁斎は寛文の頃に既にこの確信に達していたことが、寛文八年(一六六八)三月五日の『私擬策問』によって知ることが出来るが、貞享の初めに門人長沢純平(粋庵)の請によって『大学定本』を校定・註解した。貞享二年(一六八五)四月の「後識」中に、「今作者の意を原ね、之れが考定を為す。又その孔孟の旨に盭くと、註家の作者の意を失ふものとを挙げ、逐一論義弁駁して正を糾し誤を正す。」と述べている。このような順序でおおよそ仁斎学の体系が完成したものと思われる。

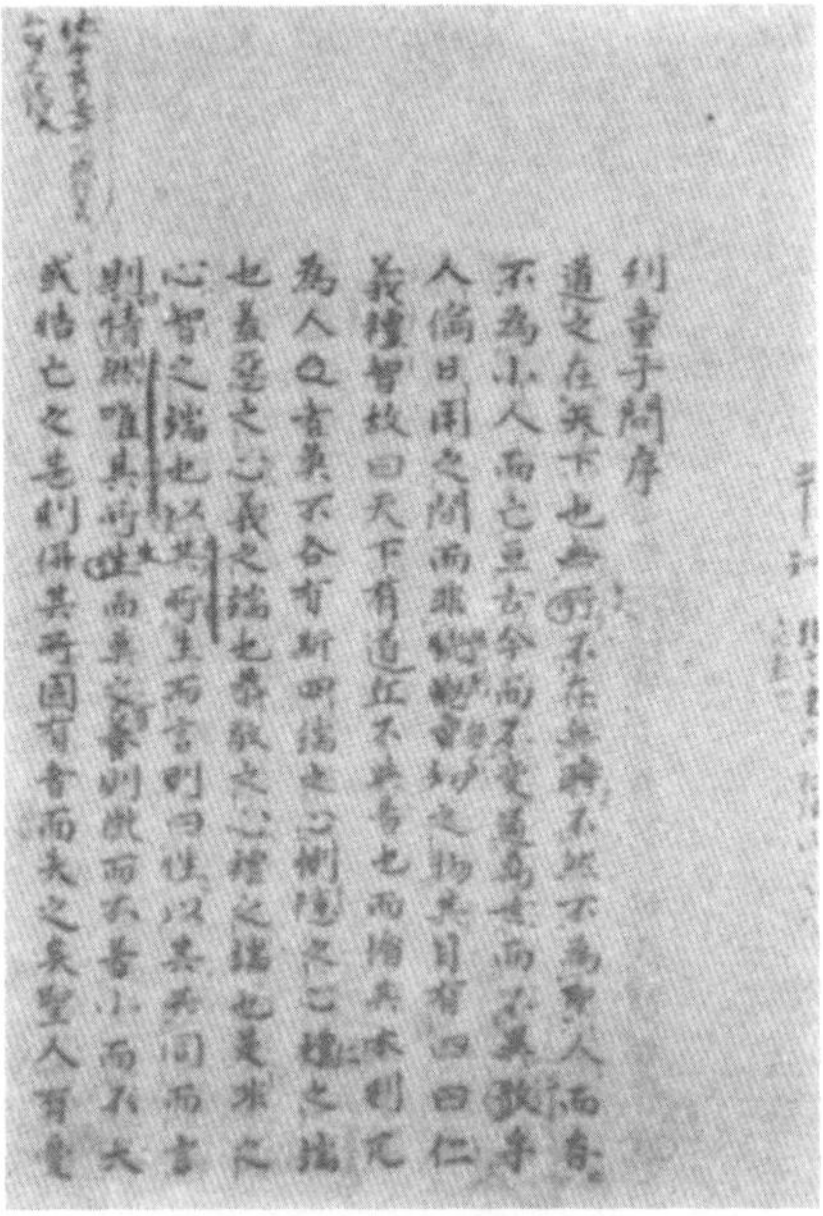

伊藤東涯自筆「刊童子問序」
（鎌田宣三氏蔵）

このように考えると、仁斎が延宝五年（一六七七）元旦の「感懐」の詩（前掲）に、芽ぐむ緑萱、谷を出る黄鳥に自己を喩えたことが想い回えされる。仁斎は全く独自の研究法によって彼自身の学問体系をうち立て得る自信をその頃に持ち得たことが判るのである。

現在古義堂文庫にこれらの稿本が襲蔵されている。仁斎が自筆で朱に青に数回にわたって補訂を施した稿本を見、また『仁斎日記』にこれらの書が繰り返し講義されている有様を知ると、仁斎がこれらの書物に心血を注いだ程を知ることが出来るのである。

『童子問』

このような生涯にわたる研究成果の精髄を示すものが即ち『童子問』である。『童子問』は仁斎の儒学説と方法論とを合わせ述べたもので、仁斎晩年の元禄初年に稿を起し（元禄四年の自筆本が古義堂にある。また元禄五－六年に貝原益軒が『童子問』を読んでいる）（井上忠氏「貝原益軒の童子問批語について」）、初め紙片に一条ずつ記し貯えて後に冊子とし、その後も改訂に努めたものである。『語孟字義』を完成期の仁斎学の出発点とすれば、『童子問』はその到達点といってもよいであろう。即ち仁斎学は天和と元禄の間に爛漫と花咲いたのである。

歿後の出版

しかも、以上の書物はいずれも仁斎歿後に至って東涯が諸弟（梅宇・介亭・竹里・蘭嵎）や仁斎の遺弟等と共に、仁斎の稿本を底本とし彼らの筆記ノートをもちよって校正した後に出版したものである。仁斎が生前にこれらの書物を出版しなかったことは、仁斎の学問に対する情熱と厳しさとを余す所なく示すもののように思われる。

東涯の紹述

しかし中には、東涯によって纏（まと）められたといってよい程のものもある。東涯の門人で後に宋儒を奉じた高（こう）養浩（ようこう）という人の『時学鍼焫（しんぜつ）』という書物の中に、「其（東涯）の父師の説に於けるや、罅漏（かろう）（すきま）を補

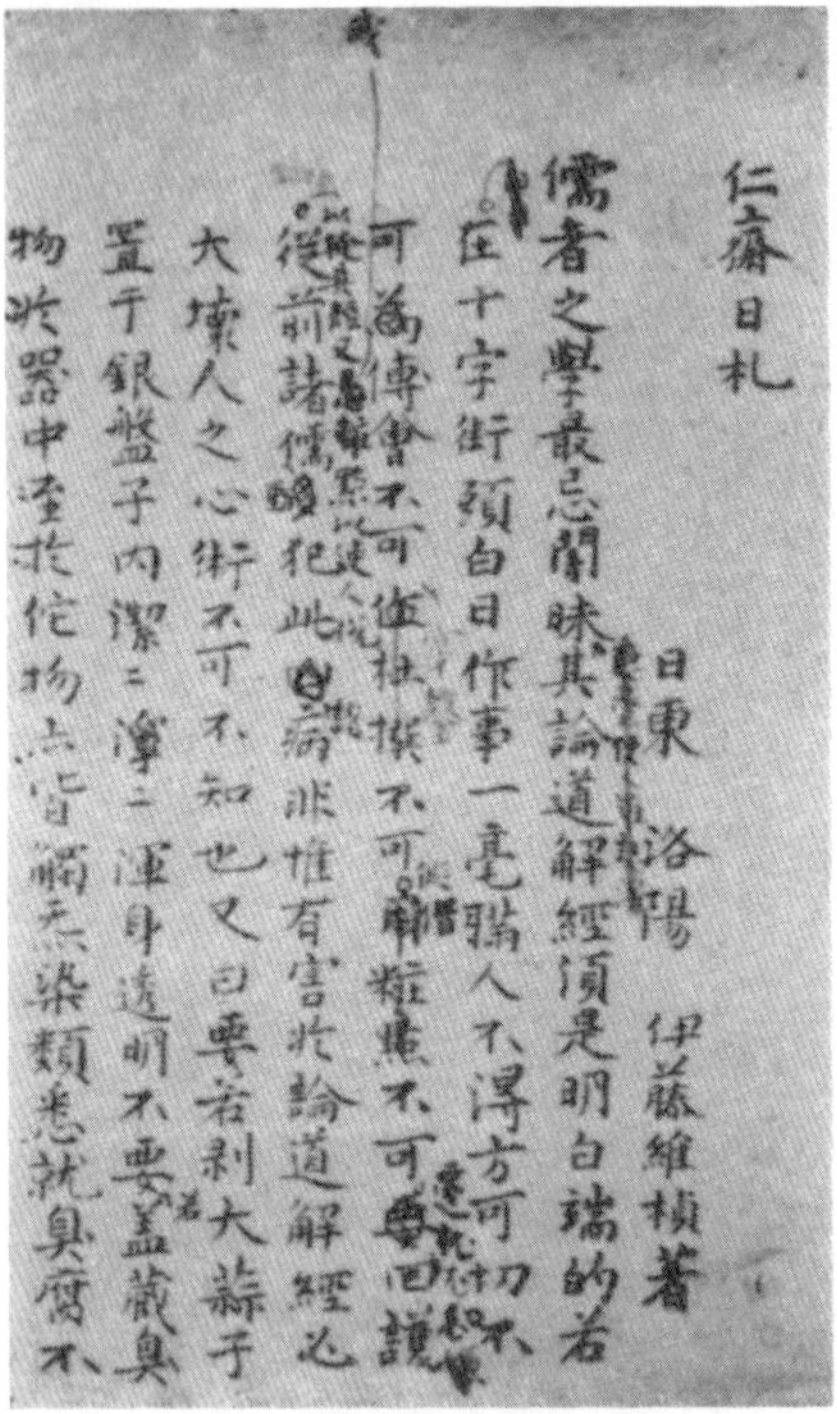
仁斎日札
日東 洛陽 伊藤維楨著
儒者之學最忌闇昧其論道解經須是明白端的若
在十字街頭白日作事一毫瞞人不得方可

伊藤仁斎自筆『仁斎日札』
（鎌田宣三氏蔵）

苴し、幽渺を張皇し、竹削改竄、大勲労ありと謂ふべし。『童子問』・『語孟字義』の二書既に刊行す。『論語古義』は坏樸略具つて成説未だ完からず。先生、門人と校讐討論す。予も亦末席に在るを忝うす。今を以て之を思ふに、論語の一書は、章々句々、修為を説くもの多し。故に仁斎の旨に符合す。抑々孟子の心性を論ずるに至りては窒礙して通ぜざるもの過半なり。故に今刊行する所の『孟子古義』は、其実は東涯削鐻の手に成りたるものなり。」と述べている。

『仁斎日札』

仁斎は経書の中で『論語』を「最上至極宇宙第一書」と崇め、『孟子』はこれについで「万世の為めに孔門の関鑰を啓くもの」と尊んだ。仁斎は論・孟二書を本経とし、詩・書・易・春秋を正経とし、其の他の三礼三伝等を雑経とし、すべてこれを名づけて群経と称して総序を作ろうと考えたが、総序は遂いに出来なかった(『行状』)。しかし仁斎は天和三年七-八月に門弟中島如元の請によって『春秋通解』を講じ、間もなく『春秋経伝通解』を著述し、晩年の元禄年間には『易経古義』を著わしている。また元禄五年前後より時々思う所の断想を集めた『仁斎日札』を残している。この『日札』は古義堂文庫には刊本よりなく、稿本は兵庫県養父郡大屋町夏梅の鎌田宣三氏宅に襲蔵せられている。

2　方　法　——生活より学説への通路——

仁斎学の方法

仁斎は『語孟字義』の巻頭の序に当る識語の中で、彼の学問の方法を述べている。

予嘗て学者に教ふるに、語・孟二書を熟読精思して、聖人の意思語脉をして能く心目の間に瞭然たらしむれば、則ち惟に能く孔孟の意味血脉を識るのみに非ず、能く其の字義を理解して、大いに謬るには至らざるを以てす。夫れ字義の学問における固に小なり。然れども一たび其の義を失はば、則ち誤を為すこと細ならず。只常に一一之を語・孟に本づけ、能く其の意思語脉に合して、而る後に方に可なるべし。妄意遷就して以つて己の私見を雑ふ可からず。

仁斎の研究法を表示して説明を加えよう。

「語孟二書を**熟読精思**す」→「聖人の**意思語脈**を能く心目の間に瞭然たらしむ」
→「孔孟の**意味血脈**を識る」
→「孔孟の**字義**を理会す」

① 仁斎はまず論語・孟子の二書を「熟読精思」することを研究の出発点とする。自分の熟読精思した体験について「同志会筆記」の中で、「悉く語録註脚を廃して直ちに之を語・孟二書に求め、寤寐以て求め跬歩（半歩）以て思ひ、従容体験して以て自ら定まることありて醇如たり。」と述べ、後進にもそれをすすめて、「嗚呼、予毎に学者に教ふるに、文義既に通ずる後は尽く宋儒の註脚を廃し、特り語・孟の正文を将ちて熟読翫味すること二、三年すれば庶くは当さに自得する所有るべし。」と述べている。「大学非孔子遺書弁」の中でもこの二書をとって、「沈潜反復、優游饜飫、之を口にして絶たず、之を手にして釈かず。立てば則ち其の前に参るを見、輿に在れば則ち其の衡に倚るを見、其の謦咳を承くるが如く、其の肺腑を視るが如く、真に手の舞ひ足の踏むところを知らず。夫れ然して後云々」と説いている。

即ち、一切の後世の註釈を捨てて直接語・孟二書を読んで読んで読み抜く—

——これが研究の第一歩である、というのである。

② ①によって孔孟の「意思語脈」を心目(しんもく)の間に瞭然たらしめる、という。『語孟字義』の識語には「聖人の意思語脈」とも「語孟二書の意思語脈」とも書いている。ここに意思というのは思想というよりも思考といった方がよく、むしろ思考方法といった方がよくはなかろうか。語脈というのは語の脈で文章の様式(スタイル)ではなかろうかと思われる。仁斎は『中庸発揮』で「語勢」を本文批判の一基準としているが、語勢という語で仁斎は文体のみならず内容をも含めたものを考えているようで、「意思語脈」に相当するものではないかと考える。とも角、孔孟の思考の仕方の特徴とか文章の作り方の特徴といったものに通じることが、意思語脈を心目の間に瞭然たらしめるということのように思われる。

意思語脈を摑む

③ ①によって②を達成すると次の二つのことが判る、というのである。

(イ) まず「孔孟の意味血脈を知る」ことが出来る。

意味血脈を知る

ところで仁斎は「意味血脈」の語を「意味」と「血脈」とに分けて説明している。

『同志会筆記』によると、学問の方法は二つに分れる。血脈を知ることと意味を知ることである。血脈というのは聖賢学問の条理で孟子の謂う所の仁義の説の如きがこれである。意味というのは聖賢書中の意味である。そして意味は本来血脈中から来るものであるから、学者はまず血脈を理解せねばならぬ。そうでないと柁のない舟のようなもので行きつく先が判らないし、仏教の理や俗儒の陋説をもってかざってもそれに耳をかすことになる。血脈を理解せずして意味をうることはあり得ない。だから先後関係からいえば血脈を知ることが先で、意味を知ることは後である。難易からいえば、血脈を知ることが易く、意味を知ることが難しい。何故かといえば、血脈は一条の路の如く、一旦それにとりつけば千万里の遠くへでもそれによって行けるが、意味となると広大周遍・含蓄従容、具眼者でないと識ることが出来ない。語・孟二書のよみ方がある。『孟子』をよむ時にはまず血脈を知らねばならぬ。意味は自然に判って来る。『論語』をよむ時はまず意味を知るべきで、意味を知ることのうちに自然に血脈がつかめる。――と説いている。仁斎はまた『論語古義』や『中庸発揮』で、『孟子』は道を説いて教がその中に含まれており、『論語』は教をといて道その中に在る、という。この二つを考え合わせると、教が意味、道が血脈に、直ちに相当するというわけではないが、関わりはあるように思われる。

要は孔孟の真精神、真骨頂を意味血脈の二語であらわしたものと思う。『童子問』その他に「孔孟の正宗」、「孔孟之本旨」、「孔孟之正指」、「孔孟之直旨」とか述べているのがこれに当るものであろう。『童子問』では二書を熟読翫味して「孔孟の本旨」を得べきことを説いている（意思語脈を経ないで直接意味血脈を得るように書いている）が、趣旨は同一であろうと考える。

字義を求める

(ロ) 次に「二書に本づき、二書の意思語脈に合はせて」一字一字の字義を解釈して勝手な解釈を加えない、というのである。「二書に本づき」とは二書の中から同一言葉の用例を集めて帰納的に字義を決定するというのでなく、先述の意味血脈（本旨）に根拠をおき、意思語脈（思考方法と文章の様式）に照し合わせて一語一語の字義を決定するというのであろう。およそ文章の理解は、一字一字の字義の探求と文章全体の意味の把握とがいずれを先後とすることなく、互に他を前提とする循環のうちに、完成されるのが研究における実際の姿であろうが、仁斎は先述の如く『同志会筆記』に「文義既に通ずる後は」と述べている。何によって文義に通ずるかを『童子問』に見ると、「苟しくも集注章句既に通ずるの後は、悉く注脚を棄て去りて、特(ひと)り正文に就いて熟読詳味し、優游佩服(いういうはいふく)すれば則ち其の孔孟の本旨において猶ほ大寐(たいび)の頓悟するがごとく、自(おのづか)ら心目の間に瞭然たらん。」と説いている。古義学的な文字の使い方を知って後というのではなく、有り来りの注釈書で一応の字義を知れば、その後はただ本文を読んで読んで読み抜き、自然に孔孟の本旨をつかむという方法をとっているのである。そして本旨をつかんで後に、その本旨に照し合わせて、字の意義を調べるというのである。つよくいえば字義を知ることによって精神を知るというのでなく、精神を知って字義を知るというのである。文献学的研究法としては極めて味わいのある方法であるといってよい。しかしそれだけに本旨とする所に主観の潜入することなきを保証し難い。従って字義の解釈も本旨についての考えの変化するに従って相違して来るように思われる。事実、仁斎三十六歳の「仁人心也章講義」では、仁は「心の実体」であると説いているが、『字義』では「天下の大徳であり大道である」としている。仁を人間の性に内在するものという考えから「性を道にのせて往来すると徳を発揮するようになる、その道徳が仁である」という考えに変っている。仁斎は後人の脚注を排除して後人の考えの入ることを抑えたが、反面、「生活を脚注として論・孟をよむ」ことをすすめることによって、意味血脈の中にも、一語の解釈にも、仁斎の「生活の思想」を導き入れることになったように思われる。どのように仁斎の「生活の思想」が彼の学説（「意味血脈」や「字義」）の中に入り込んでいるかは、次項「仁斎学の内容」において述べるであろう。

本文批評

仁斎はこのような立場から『論語』・『孟子』をはじめ四書の本文を再検討（「本文批評」）したのである。即ち仁斎は「大学非孔子之遺書弁」の中で、一旦血脈を識ると、たとえ異端（いたん）の言を聖人の書の中に雑（まじ）え、聖人の言を異端の書の中においても、黒白を弁ずるように両者を見わけ抽出（ちゅうしゅつ）することが出来て少しも違う所がない、またそのようになって始めて血脈が判ったといえるものである、と説いている。

『論・孟』批評

仁斎は『論語』を熟読しているうちにその二十巻が、各十巻ずつ上下篇にわかれ、上十巻が論語の上篇、あと十巻は上篇よりかなり時を経て編集された続篇であることに気がついた。『孟子』七篇においても首の三篇、中の二篇、尾の二篇をそれぞれ別人の篇と考え、内容によって首三、尾四の二部上下篇に区別した。そして仁斎は『論語』を中心とし、『孟子』を『論語』の注釈と考え、この立場から本文批評を『大学』・『中庸』に施した。即ち聖人の意味血脈に合するや、聖人の意思語脈に合するや、否や、を検討したのである。

『大学』批評

そして「大学非孔子之遺書弁」においては、『大学』の一書はもと『戴記』の中に在って撰人の姓名は判らない、多分斉魯の諸儒で、詩・書の二経に熟して未だ孔孟の血脈を知らない者が撰したものであろう、といい、『大学定本』でも同様に『大学』の書は多分戦国の間に斉魯の諸儒で、詩・書二経に熟して未だ嘗つて孔門の宗旨を窺ったことのない者が作ったものであると述べ、宋儒の説を否定して『大学』の書は曽子門人の記す所でないことは明瞭である、という。意味血脈に照してもそのように考えられるが、『大学』の「正心の説」を見てもそれは聖門の学でないことが判る、というのは『論語』に「益者三楽」をといて「礼楽を節するを楽しむ云々」の言があるのに、大学では好楽する所が有れば心の正しきを得ないと説いている、これは明らかに矛盾している、自分が大学は孔子の遺書でないと考えるのは又このためである、という。おそらく「意思語脈」に合わぬというのであろうか。

『中庸』批評

また仁斎は『中庸章句』を著わし、その序文に、朱子は『書経』の大禹謨篇にある堯が舜に授けたという「人心道心危微精一」の語を聖門道統の根本としているが、これは「孔孟の旨」に合わないから後世の偽作と思われる、と述べている。さらに第一章の「喜怒哀楽之未発謂之中云々」の四十七字は、未発という考えは論・孟にないから、元来『中庸』の本文ではなく、おそらく古い『楽経』の脱簡が混入したものであろうという。第十六章の鬼神論及び第二十四章の禎祥妖孽の論は怪力乱神を語らずなどという『論語』の文に反するから、孔子の語ではない、また第二十章哀公問政の条は『中庸』全文四千二百余文字三十三章中、この一章が七百八十字で全体の五分の一を占めて全体のバランスを乱している、『孔子家語』が第二十章を哀公問政篇としていることから考えると、元来一篇の書が『中庸』の中に誤って入ったもので『中庸』の本文ではない、という。結局、朱子章句本の第十五章までを『中庸』の原文とし、第十六章以下を漢儒の雑記とみたのである。そして『中庸』は『史記』に孔子の孫子思の作とされている通りかどうかは疑わしいが、その言が『論語』に合致するものがあるから採用する、と述べている。

仁斎の本文批評はあくまでも論・孟（孔孟）の「意味血脈」を踏まえての批評である。

3 内容

仁斎はこのような精神科学的な方法をもって儒学の研究を行ったのである。仁斎の儒学研究の任務とし目的とするところは、孔子と『論語』を理解して、孔子の精神を再現することに在った。孔・孟の精神の理解と用語の注釈とは互いに一が他の前提となり結論となり合う関係にあるが、用語の厳密な研究の結果によって精神が闡明(せんめい)されるというよりは、『論語』を長年熟読することによって孔子の精神が用語の研究以前に直爾(じか)に(時間的に直ちにではなく精神的に無媒介に直ちに)感得され、それが一字一字の注釈に作用して行ったといってよい。つまり闇斎の朱子研究の場合のように客観主義に徹していないように思われる。前に述べたように、仁斎が朱子の注を排除し尽して、生活を脚注として論語を読むという方法は、朱子の「哲学」の替りに仁斎の「生活の思想」を仁斎の論・孟の「注釈」や「理解」の中に流れ込ませることに働いたように思われる。従って仁斎の注釈と孔子の精神の再認識は、決して単なる受動的作用(摸写)ではなく、能動的な創造作用(創作)となり、再現でなく再造となった。仁斎は学者というよりも、すぐれた思想家であったのである。

このような研究法がどのような学説を生み出したかを、前著『伊藤仁斎』（新潮社『日本文化研究』第五巻所収）から抜萃して見ようと思うのである。

人間学

人間学　仁斎には自余一切の注意を奪う一の関心事、一の主題があって、彼はそれにあらん限りの創造力を傾注したのである。その主題とは人間及び人間の在り方であった。仁斎学は天中心主義の宋学に反対し、人間を人間から理解しようとした絶対的人間学であって、この人間擁護の立場は究極においては超越者への反逆を意味する不可知論にまでなっている。元禄期の人間復興の精神は仁斎学の基調音となって、逆に元禄京都の町々に鳴り渡って行ったのである。

仁斎の人間研究は孔子と『論語』を通じて行われた。即ち人間として孔子を再発見し、人間生活の書として『論語』を再認識することが、彼の「人間学」の基礎であった。そして仁斎学の目的は「孔子」に習い「人間」になることであった。

性・道・教

仁斎は『中庸』の首章にいう性・道・教の三者を学問の綱領という。仁斎にあっては、性は朱子学のそれと異なり、人々個々の生得の自然的素質をさし、教化以前のものとして軽視される。また、道も朱子学のそれとは異なり、性の外部に永遠・普遍に客観的に実在するものと考えられる。そして性を道に載せて往来させ、久しきに至ると自ずと徳に到り、人類一般に価値を有し永遠普遍に妥当する倫理的効用を発揮するようになる。創造的な自由な個性は尊重されるよりは、むしろ「気質の偏」として四端拡充の過程において克服され、かくて調和的人間が成立する。従って仁斎の教学においては、性よりも教が重視される。このように性が道を通って徳に達し、自然人が孔子に習って文化人になる――ここに仁斎教学の本領があったのである。

王道楽土　このような仁斎独自の孔子観・人間観は、自ずと朱子学のそれと全く異なった世界観を齎らした。即ち朱子学の超感性的な天理の立場を離れて感性的な人間の立場に立った仁斎は、人間の共同体形成の原理としては、義に対して仁を、敬に対して愛を押し立てたのである。

仁は愛なり

仁斎学の根本原理である仁とは即ち愛であるが、愛とは人の具体的な作用形式や生活状態に向う叙事詩的な敬・義と異なり、なんら外的な組織原理ではなく、各々の存在の異同をそのまま、それを越えて互いに融和し一体となり、自他不二の心境を現成する叙情詩的な心の働きであるといえよう。即ち、敬義が統一への意志を含むとすれば、仁愛は自由への志向をもつといえる。そして朱子学が義と敬に分を関係させたのに対し、仁斎は仁と愛には譲を関係させる。分が不平等者間の結合原理とすれば、譲は平等者間のそれであろう。従って分に対して譲には統一化に対する動機が欠けており、個人間の自由浮動的な相互作用がそれに関係するであろう。

愛の共同体

従って敬・義・分の上に成立する共同社会が力の分配構造であるのに対して、仁・愛・譲の上に形成される共同体には成員の同格関係がある。勿論、愛の共同体においても、その中心にいる聖人には他の凡俗を超えた指導的な中心的位置があるが、聖人の仁・愛・譲の美徳に覆われた全体はあくまで同様の強調点をもった人物の並列関係で構成されることになる。仁斎は権力と服従にかえるに慈愛と自由を以てしたのである。従って仁斎の理想郷である王道楽土は政治と権力と制度の全く存しない所であるのは当然であろう。

仁斎学の非政治性

しかし仁斎の愛と同胞主義は、近代ヨーロッパのそれの如く政治的な組織原理とはならず、また無政府主義にも赴かなかった。仁斎は「王道豈に法度の上に在らんや。」と説いて、彼の愛の世界克服的な力は現実の封建的な政治的・社会的節度に対して全く無関係に、封建社会における人々の地位や機能(責任)等の生活状態や作用形式よりも、むしろ個々の人々の心そのものに直爾に向うものと考えている。仁斎の説く王道は、自己自身で完了し封鎖する独立的存在者が同格的に並存し、それら共存者が愛を以て渾然一体となる、境界のない、開かれた、人類共同体の実現であった。王道楽土は人間と個人を尊重し、不平等なものの間に民主主義が摩擦なく実現される唯一の(封建制度下において実現可能な唯一の)、従って現実を超えた、ユートピアであった。

仁斎は、すべての人間をこうした「人間」に、こうした「楽土」の一員にすることが「孔孟の本旨」である、と考えたのである。

仁斎学の歴史的意義

仁斎は既存の封建的儒学をば元禄京都の社交界とそこにおける社交的体験の濾過器を通過させることによって封建性・政治性を捨象し、それに豊かな人間性・人類性・社交性を与え、近代性豊かな『古学』(倫理的・社交的人間学)を形成したのである。

しかし仁斎学は元禄時代の京都という非封建的な精神の濃厚な都市における非封建的な人間関係——ことに公卿・根生の分限者及び専門文化人の構成する社交界と、そこにおける根生出身の専門文化人である彼自身の体験を直接成立の地盤としただけに、仁斎学は元禄京都の社交界及び構成員のもつ非現実的な抽象性——非政治的な文化主義をそのままに反映して政治そのものを否定したため、現実性を失って抽象化されてしまったのである。従って一時は、那波魯堂のいうように、「元禄ノ中比ヨリ、宝永ヲ経テ正徳ノ末ニ至ルマデ、其学盛ンニ行ハレ、世界ヲ以テ是ヲ計ラバ、十分ノ七ト云程ニ行ハレ」たが、元禄時代に続く享保時代に幕府（将軍吉宗）の封建的緊縮政治と、徂徠・白石による封建的儒学の思想的反撃や、それに呼応して京都の内部から加えられた石門（せきもん）心学の攻撃（石田梅巌は『都鄙問答』の中で仁斎学を当面の敵としている）に出遭って、もろくもその成立の地盤もろとも凋落（ちょうらく）して、歴史の前面から後退してしまった。

誠に仁斎学は元禄京都の社交界の生んだ学問として時と所と、そして人の刻印を深くその身に帯びていたのである。

三　人柄

荻生徂徠は「熊沢の知、伊藤の行、これに加ふるに我れの学を以てせば、東海始めて一の聖人を出ださん」（『先哲叢談』）といったという。太宰春台は仁斎と徂徠の優劣を問われた返答の中で、人を教えるのに仁斎は君子を目標にし、徂徠は豪傑を目的にする、この二先生の学風は馬援がいった伯高と季良との相異のようなものだ、と述べている（『紫芝園漫筆』）。広瀬淡窓はこの批判を承けて、当時古学をなすものが浮華放蕩に流れるのは、みな徂徠末流の弊害である、仁斎・東涯の徳行の如きは程朱に比べても愧しいものではない、と説いている（『儒林評』）。仁斎がその人柄において極めて優れていることが言われているのである。

次に仁斎以外の人々が直接に仁斎の人格について語った言葉をつづり合わせて、彼の人格を髣髴させてみたいと思うのである。

仁斎の性向（その一）寛厚和緩

仁斎の長子東涯は仁斎の人柄を語って、「性資は寛厚和緩にして、人其の疾言遽色を見ず。」（『行状』）といい、仁斎の高弟北村可昌は、「其の性や寛厚和緩にして、憤怒を見ず。」（『碣銘』）と述べている。ゆったりとおちついてなごやかな人柄であったというのである。

親切で人と争わず

可昌は更に仁斎が「匡幅を剪徹し、物に於て牴ること無く、貴賤少長と無く愛して之を周くす。粗鄙暴悍の者と雖も、一再相見れば、則ち未だ薫然として心酔せずんば有らず。」（『碣銘』）といい、東涯は「城府を設けず、辺幅を修めず、（中略）人少長と無く之に接するに誠を以てし厭怠の気無く」、人を教えるときには「一も字を識らざるの人と雖も、之れに告ぐるに淳淳として反覆し、唯だ其の意を傷けんことを恐る。」（『行状』）と述べている。親切な人柄であったというのである。

伝える所によると、後徳大寺藤公の邸宅で京都の儒学者が会合して討論したとき、初めの間はみな穏やかな声で静かに意見を述べ合っていたが、意見が相容れないようになると互に怒嘴喧嘩してやまなかった、仁斎ひとりが「坦夷温厚終始一の如く」で、「温にし恭」であったから一座のものが敬服した、という（『閑散余録』『先哲叢談』）。仁斎老年時代の門人で且つ仁斎と最も親しかった公卿の一人である勘解由小路韶光は、仁斎は「競ひて是非を闘はしめ謾りに城郭を設くる者の若きに非ず。」といっている（『文集』序）。また大高坂芝山が仁斎の学を非難したとき、老仁斎は、はやる門人達を押さえて、「君子は争ふ所なし」と訓したと伝えられている（『先哲叢談』『閑散余録』）。身構をして人と競い争うことのない温厚な人柄であったと思われる。

東涯はまた仁斎について、「未だ曽って古怪迂僻矯激の行を為して、以て駭異を取らず。」（『行状』）と述べ、北村可昌は、仁斎の「講説」は「詳悉審明・親切著実にして尋常の語の如く、」その「文」について「思致は確実に、議論は深長にして綺字を用ひず、艱渋を見ず。」という（『行状』）。後世、藤田幽谷は、仁斎の学を「平易に過ぐ」と評している（『及門遺範』）。太宰春台は仁斎の人柄を問われたとき、「其の貌を観るや恭、其の言を聴くや従、君子人なり。」(『近世叢語』)と答えた。こうした仁斎の平俗な性向は『先哲叢談』の中にいくつかの伝説的逸話となって残っている。即ち仁斎は世儒の異様を好むに似ず、務めて世間並に従い、節分の夜は礼服を着て大声で豆を撒き、また寺院に通りかかると排仏の儒学者でありながら、必ず本尊を礼拝したというのである。『先哲叢談』の著者は、「其の好みて崖異を為さざるもの此の如し。」と説明している。

原雙桂はこうした観点から、「仁斎の徒は概ね皆(中略)其の己を行う事亦多くは庸凡鄙俗にして峻異卓立の志に乏しく、脱塵超凡の操に闕く。(中略)此れ其の徒の罪と雖も、(中略)先生亦其の責を辞することを得ざる者あり。」と論じている(『雙桂集』)。

謙遜で愛相よし

仁斎の性格はゆったりとおちつき、情愛ふかく親切で、気取らず構えず、人と競争せず、異をてらわず、極めて常識的であるというのである。親しく仁斎の「講説」を聞き仁斎の「人品」を知った安藤年山は、仁斎について「物やはらかに愛相よく謙退ふかく、まことに君子とはかやうの人なるべしとおぼえ侍り。」(『年山紀聞』)といっている。

仁斎の性向(その二) 独立の気概

しかし、仁斎にはこうした性質に反対する一面もあったのである。

祇園南海は仁斎の主著『語孟字義』を見て、「苟も其書を視れば其人と為りを知るべし。夫の至言要言を視るに、聖賢を左右にして以て邪説を鞭箠し、奮然、麾を把りて世の為に先登する者昭々として筆端に見はれ、人をして驚見せしむ。」といい、仁斎を「古の所謂超然独立する者」であると讃めている(『南海先生文集』巻五)。斎藤拙堂も仁斎の文章を「気魄光焔有り。」と評している(『斎藤拙堂文話』巻一)。梅宇の『見聞談叢』によると、杉清浜があるとき仁斎に、自分は壮年の時に「片言後世に及ぶ」という句で志を立てたと語ると、仁斎は日頃の志を二句に述べようといって、「千古の謬を一洗して、永く万世の法を立つ」と記したという。東涯は仁斎の古学提唱時代の有様を述べて、「先子(中略)壮にして衡門の下、独り遺経を抱き、聖人の道を闡明するを以て己が任と為す。奮つて身を顧みず、孤論を持し独見を立て、当世の人に知られんことを求むるを肯んぜず。一二親厚なる者、其の稍遜言して、以て時好に徇はんことを勧む。先子、其の故を改むるを肯んぜず。毎に曰く、千載の後に必ず子雲有らんと。陰居放言して自若たり。」（『紹述先生文集』巻十二）と語っている。

この事実を踏まえて北村可昌は、仁斎は一国・天下は愚か、古今の向う所にも独立して従わぬ「古今の豪」で、「千百年中の一人である」と称えている。『閑散余録』には、「仁斎は一篇の文、一首の詩を作りて人に示さるゝに、その人賞嘆をなせども、あながちにその喜色を見ず。他人いか様に嘆美をなすと雖も自ら心に満たざれば其の顔色自若たり。」これは仁斎が「大量にして人の毀誉に拘らざる」ためである、といっている。

仁斎の偉容

老仁斎の容止は清貴にして見るに足るものであって、所司代が路上で会うと、王公（親王や公卿）と思いまちがって馬を下りたという。また近衛関白はつねに仁斎をほめたたえて大納言以上の人品であるといった程の威容を備えていたのである。

このような二つの相反する性質は一つに結びついて、老仁斎の人柄を形成していた。俊敏にして師荻生徂徠の性情をさえ摘発して仮借なく非難した才人太宰春台は、このような仁斎の人柄を見事に見抜いているのである。

相反する二性向の調和

仁斎もしか（至りて温厚なる人――筆者註）なり。但、仁斎の眊子の明らかなること所謂眼光射人なり。学問にてねりつめて徳をなしたる人と覚ゆ。定めて圭角ありたる人ならめ。随分やはらかなる人なれども極めて英気ある人なり。」（『文会雑記』巻二の下）

湯浅常山は仁斎に会った人の言葉を伝えて、

仁斎は何となく一所に居り度き人なり。されど太山（山泰）の如くにて中々動かし難き人と思はるゝ也。（『文会雑記』巻一の上）

と記している。

「深沈不競」

仁斎歿後、東涯は父仁斎の伝記『古学先生行状』の冒頭に、「先生幼にして深沈不競、常児に異ることあり。」と記している。「深沈不競」の四字は仁斎が晩年、人間性情の理想的な在り方としてしばしば用いた言葉である。

『同志会筆記』の第八則に、学問をするのに十の貴ぶべきものがあるといい、その第二に「深沈」を上げている。仁斎自身もこの四字を以て表現されうる人格に自己を形成しようと努力したことを示している。東涯がこの四字を以て仁斎幼時の性質を語ったことは、古義堂学派の理想的人間像が幼き仁斎において已に生来的に形成されていたものと言おうとしたのかも知れない。しかしまた幼児源七（仁斎の幼名）の生来の素質がそのようであったという言い伝えが東涯に及んでいたのかも知れない。元禄京都の平和な時代に、自分の欲する方向に自己を発展させ得た仁斎にとっては、彼の人間的発展は彼が本来の彼自身になることであったであろうと考えると、おそらく「深沈不競」は仁斎生来の性質であったのであろう。仁斎の幼時の性質や行状についてこれ以上の所伝をもたない今はそう考えておくより外はない。仁斎のこの性質が青年時代の混迷を経て、晩年に再び生来の相を発揮したものであることは、先に述べたところである。

仁斎の肖像 その一

今日古義堂文庫に所蔵する老仁斎の肖像画（東涯の描いたものである）を眺めて見よう。（本書巻頭の口絵を見よ。）

無限の慈愛を一切の上に注ぎ出し、それらをおだやかな愛情をもって抱擁する、やさしい老婆のような母性的気分が、その面の上に濃やかに漂うているのを感じるであろう。しかも再度、この肖像を見なおすとき、他人の意向を排除して自我を押し通す強固な意志がまた強く感ぜられて来る。深く皺を畳んだ額や頬から口元にかけての輪廓と、高く、巨大な、節のある鼻柱、突出した両顴骨、固く結ばれた厚い唇——これらの二つの部分からは女性的な軟らかな愛の感情と男性的な激しい自己意識が流れ出して来るように思われる。そして鋭くもまた軟かくも見える不思議な眼差は、この相反する二つの部分を魅力ある緊張的平和に齎らしているように感ぜられる。

向来歳月似二奔流一、事事相催帰二白頭一。
老去自知入二佳境一、一年勝二似一年秋一。（『詩集』二）

或る富豪（那波屋九郎左衛門）の邸宅に招かれて、盃片手の酒機嫌、老仁斎は老後の心境をこのように詠じているのである。

仁斎のこの肖像は仁斎がこのような人柄であったことをよく描き表わしているように思われる。即ちこの肖像画の与える印象は、この像の主人公をば禁慾的な精神や勤労への意欲を有しない者のように思わせる。さりとてこの肖像には生活に疲れ、世界に興味を失った老人が描かれている訳では決してない。この像の持つ楽しげな表情のうちには感覚的な生の悦楽に対するなお衰えざる関心と興味が存しているように思われるのである。

仁斎の肖像 その二

古義堂所蔵の肖像画は長子東涯の描いたものであるだけに、仁斎の穏やかな一面が強調して表現されているように思われる。これに対して私は『先哲像伝』に載せられている仁斎の肖像画を紹介しよう。これは世上に伝えられたものであるだけに仁斎の厳しい一面が比較的つよくあらわれているように思うのである。この挿絵の原画は今日見るを得ないが、それにおいては「大納言以上の人品」といわれた風格が躍如（やくじょ）として画面に生動していたであろうと想像される。

伊藤仁斎肖像（『先哲像伝』所収）

四　死

これより先、延宝六年（一六七八）、仁斎五十二歳、東涯が九歳の秋十月に妻の嘉那（かな）が三十三歳で病歿した。仁斎は

身にしればあはれ益田の池水に
　つがはぬおしの夜の一声
みどり子を見れば泪（なみだ）の露そひて
　ありし昔ぞいとど悲しき

と歌った。その頃、仁斎の家では数羽の鶏を飼っていた。東涯は冬春の交に鶏が卵を抱く頃になると、そっと鶏の卵を鶩鳥（あひる）の卵ととりかえた。鶩がかえると東涯はそれを堀河の流れに浮べて遊んだ。嘉那の母妙千院は若くて死んだ娘をいたみ、孫のかめ丸（東涯の幼名）をあわれに思って、切々と情のこもった手紙を仁斎の許に送った。

「いとわかくしてあいはて申候事ふびんとも、おしきとも、かはゆきとも、ふでにはおよび不レ申候。」

「かめ丸がくもんすき候へて、し（詩）などもぬしこゝろにてつくり申よし。きやう成事と御うれしくよろこび申入候。手習はいまだいたし申さず候よし。手習も御させなされ、文御こさせ下されべく候。まち入申候。」

とある。貞享二年（仁斎五十九歳）、「送二浮屠道香一序」の中で仁斎は、「人の福における、賢子孫の有るより大なるはなし。而して子孫の賢は書を読み道を暁り、能く父祖の志を承ぐより大なるは莫し。」（『文集』）と述べている。おそらく仁斎ははやくから東涯への期待を心に懐いていて、この序を作ったものと思われる。

妙千院の手紙にも子供のために後妻を迎えることを頼んでいるが、間もなく仁斎は後妻総を迎えた。園部（京都府船井郡）の小出侯に仕えた医師瀬崎豈哲の娘である。総は心のやさしい人で、東涯と彼の二人の妹娘（具寿と清）を実子のように可哀がった（「先祖妣恵慈孺人瀬崎氏碣銘」）。また家計に巧みで、仁斎が経済的配慮から解放されたのは彼女の功による、と彼女の「碣銘（けつめい）」は記している。やがて天和三年（一六八三）に梅宇（諱は長英字は重蔵）、貞享二年（一六八五）に介亭（諱は長衡字は正蔵）が生れた。更に元禄元年（一六八八）に女子が生れたので仁斎はトメと名づけたが、元禄五・七年と引つづいて竹里（ちくり）（諱は長準字は平蔵）と蘭嵎（らんぐう）（諱は長堅字は才蔵）が出生した。蘭嵎が生れた時、仁斎は数え年六十八歳、東涯は二十五歳であった。

仁斎と東涯

この頃、東涯は父に伴われて京都の社交界に出入し、古義堂内外の講義を行い、仁斎の著述の整理をした。冬の夜の「振舞ひ」の酒に酔って帰っては書物を散乱させたまま仮睡（まどろ）んだり、夏の昼には書物を抛（ほう）り出したまま午睡（ひるね）をし、夕には縁台を堀川の岸に移して涼を入れたりしたことが当時の東涯の詩にうたわれている。後年、東涯が家塾をついで講義をしていると、堀川の川向うでトントンとたがを入れる桶屋の音が、東涯の低声の講義の邪魔をしたというが、そうした庶民的な気分はこの頃にもあったであろう。町儒者の気安い生活が偲ばれる。

仁斎は晩年字を書くことを好んだ。『行状』によると、法帖を臨摸したことはなく、毎朝早く起きるとまず机によって楷書や草書を数枚の紙に乱筆して、家人が朝食に何度も呼び立てると漸く腰を上げるのが常であったという。時に気が向くと和歌をよんだが、思う所を素直に表現して巧みに作ろうと努力をしなかったという(『古学先生和歌集』、『行状』)。また天気がよいと子弟三-四人をつれて郊外の散歩に出かけ、詩を吟詠して帰ったともいう(『行状』)。

仁斎は少壮の時には酒を嗜まなかったが、中年以後は医者のすすめで二-三杯盃を傾けるようになった。昼間はただ二食で夜には復食しなかった。時々酒を飲んで、ほろよい機嫌になると、東涯や一-二の塾生を側に坐らせて、経を談じ詩を論じ、時に京都の旧俗や先世の遺事を語って聞かせた。そしてつねに彼らに「須らく天下第一等の人となるを志となすべし。」といったと、東涯は後年に回想し

ている(『盍簪録』二)。仁斎はこの頃の心境を、

家本十餘口、既無尺寸田。
幸逢太平日、自免米鹽蠲。
道以唐虞準、學從鄒魯傳。
眼前兒女侍、萬事醉陶然。

と詠じている。五人の男子、三人の女子を抱えて、仁斎先生は、東涯を仕官させて将来の計をなせと勧める友人の言葉を聞き流し、「人が生れて地におちれば、食は分相応についている、何も汲々することはない。」と落付き払って晏如と構えていたという(「贈弟長準赴筑幕言」)。そして庭前に一本の海棠があるところから、自ら棠陰と号して、室鳩巣の所謂、京儒の代表者として、「隠居放言自ら足れり」とする気楽な町人学者の生活を楽しんでいたのである。

宝永二年(一七〇五)正月二十二日、仁斎(時に七十九歳)は小見山丶節の宅に出向いたが、飯

後、痰が起ったので急いで家に帰った。その後、痰疾は快くならず気分が勝(すぐ)れなかったので、講釈等を延引していたが、二月十五日の夕方には食が進まず、疲れが殊に甚しくなった。前から有馬共安や涼甫などの薬を用いていたが、この日、奥田以三が見舞いに来て薬を与えた。その薬を飲んで仁斎は少し快くなった。十七日に再び不快となり、脈が乱れて来たので、平井春益や原芸庵(うんあん)などを招き、春益に投薬をたのんだ。十八日より病気が気づかわしくなったので、富小路永貞や浅井将監などの内意もあって、法印浦野道栄の診察をうけ、十九日より道栄の薬にかえた。道栄の弟子の上崎英庵は仁斎の門人であったので、毎日昼夜つきそった。三月一日より小河藤助のすすめで甲賀祐堅に診(み)せたが、薬は道栄のままであった。天皇や上皇からも仁斎の病気について上意があったので道栄も出精していると、北村伊兵衛や小河藤助は語った。十二日より門人が数多(あまた)見舞いに来て十人ばかり宿直した。三月四日の頃、ことに快かったので、東涯も少々心静かになっ

仁斎の死

て、先日来の出来事を『家乗』に記した。――ここで東涯の日記は中断している。そして三月十二日の条に「未刻先生易簀。」越えて「十五日、葬送。廿五日、二尊院葬。」と簡単に記されている。孝子東涯は父の死に遭って心痛と取り込みのために筆を執ることが出来なかったのであろう。

仁斎の墓は今も洛西二尊院の境内に在る。

伊藤仁斎墓

附録

第一　仁斎こと鶴屋七右衛門

（一）

商人か浪人か

仁斎の生家の家業について、二つの説がある。一は伊藤家の外部の言い伝えで、仁斎の生家は長沢屋という材木商であるという。今一つの説――というほど強いものではないが――は当の伊藤家の内部に伝えられているもので、右の説を正面から否定もせず、肯定もせず、先祖について話の出る時には、何時も伊藤家は元来浪人であったかのような言い方をしている。

材木商説の出所

材木商長沢屋説は、井上哲次郎氏の『日本古学派の哲学』に紹介されているが、この説の出所は稲葉黙斎の『先達遺事』で、これには仁斎の「父を長沢屋長右衛門といひ、堀河に家して材を鬻ぐ。」と書いている。ところで長沢屋というのは伊藤家の先祖了慶が尼ヶ崎から堺の伊藤家へ養子に来る前の本姓が長沢である所から生じた屋号らしく、長右衛門というのは仁斎の父を七右衛門といったのを、七の字を長の崩し字と読み違えたものかとも思われる。因みに『先哲叢談』によると、仁斎の「家はもと賈を業とす」といい、『先哲像伝』には「家もと商賈なり」とあって材木商とはいっていない。ところで『先達遺事』の説の出所は土佐の産で有名な朱子学者である大高坂芝山のようである。

大高坂芝山が元禄九年、当時江戸で刊行されて学界の問題となっていた仁斎の『語孟字義』を論難するために一書を著わして翌元禄十年に江戸で刊行したのが、例の『適従録』である。これに自分がもと聞く所によると、仁斎は「昔は市鄽の販夫（町の商人）であったが、今は蠹魚（書物のしみ即ち読書人）の一老翁である。」と書いている。芝山はまた、元禄十年に『南学伝』の名著を刊行したが、それにも「堀川にあって材を鬻ぐ者がある。姓は伊藤、名は維楨。」と書いている。しかし元禄十年頃に仁斎が材木屋を営んでいたことは、彼の自筆の『日記』や東涯自筆の『家乗』その他の資料から見ても、ありそうもない事であるし、その上『適従録』にも已に当時の仁斎を「蠹魚の一老翁」であると言っているのだから、仁斎が塾を開いて来者を待つ外に、町人であれ公卿であれ、その招きに応じてすぐさま個人教授に出かける姿が、大名御抱えの儒者の目からは才能の切売のように見えたので、こう悪口いったのであろう。しかしとも角『適従録』と『南学伝』の記載は相俟って、仁斎が嘗つては材木商であったと取られそうな書き振りではある。仁斎の身分についての芝山の話は、嘗つて堀河に住んだことのある芝山の父から聞いた事でもあり、且つ眼前の人間の学説に悪口いう書物に、全然根も葉もない虚偽を書いたのでは却って効果も薄いから、相当確実性があるように思われる。伊藤家の材木商

浪人説の出所

長沢屋説の出所は、どうやらこの辺らしい。

ところで一方、伊藤家の方で世間に発表したものでは、明治二年四月六日、当時漢学所御用掛の伊藤徳蔵氏は、同掛への或る願書の中で、「私の先祖の伊藤道慶と申す者は、天文年中泉州堺の浪人であった。三代伊藤七郎右衛門は、天正十四年に京都東堀川通下立売上ル町に移住したが、その孫の源佐(げんすけ)(仁斎)以来は代々儒者となった。子の元蔵(東涯)の時、享保二十一年に京都所司代から帯刀を許され、元蔵より三代目の寿賀蔵(東峯)の時、天保十三年に京都町奉行から、代々浪人で儒業を立て、当時まで連綿せるは奇特というので、町並(まちなみ)を免ぜられた。右源佐以来私まで六代の間浪人で帯刀して来た。」と頗(すこぶ)る含みがあるとも、また曖昧(あいまい)ともいえる書き振りで、伊藤家が元来浪人であったような書き方をしている。

この徳蔵氏の話の直接の出所は、叔父の伊藤弘充で、彼は仁斎の曽孫三代東所(とうしょ)の五男に当る。嘉永五年弘充は本家の甥徳蔵(輶斎(ゆうさい))に対し遺言のつもりで『家訓大略』という一冊の書を書き与えた。それによると「伊藤氏は天文の比、泉州堺に住居して了安・了雪の二世を歴たが、三世の了慶は本姓長沢氏で世々尼ケ崎の豪姓であった。伊藤了雪の養子となり、天正十四年〝廃著〟して堺邑をさけて京都の今住する堀川に移った。その佩ぶる所の太刀一腰を以て居宅に換え、短刀の保昌五郎一腰は今に古義堂の重宝となっている。その余の武器も聊か残っているが肯て珍宝ともしない。また、泉州より青磁の大茶碗に、黄金若干を盛り来たり、その黄金を以て了慶・了室が妻子を扶持して二世を経た。故にその青磁の茶碗は今に古義堂の宝物である。回禄の災（火事）にはこの二器及び系図一巻をば奕世の神主（代々の位牌）と同じく自ら守護して立退くことである――と曽つて父の東所先生が申したことである。」と書いている。弘充は仁斎の生家が浪人だとは明言してはいないが、武器を多く伝えている事を特筆して浪人らしい印象を与え、また所持して来た金子で――即ち商売をしないで――仁斎の祖父と父が妻子を養い、仁斎の代からは儒業で生活することになったと述べて、大高坂芝山のいうように、元来商人であったということにはならない書き振りである。ところでこの話は弘充が東所から聞いたのであるから、更に遡（さかのぼ）る必要がある。

伊藤氏の系図

東所が火災の時には持ち出すという系図がどれであるかは判らないが、古義堂文庫には、伊藤家に関する系図様のものが多くある。東所より年代の古いものでは東所が補筆した東涯自筆の『家系略草』と題した系図一巻と、同じく東涯自筆の『伊藤氏族図』という至極簡単な略系図一冊と、東所の清書本を伴う東涯自筆の『家世私記』という大体伊藤家関係者の墓誌銘を集めたような一冊の書がある。『家系略草』を見ると、了慶が刀剣や什器（じゅうき）を売ったことを補筆で書き添えてはいるが、青磁の大茶碗の黄金とか、五郎保昌の短刀とかの話は一切書かれていない。伊藤家でも伝説には発展があるらしい。

また『家世私記』を見ると、先に述べたように、伊藤氏の三世の了慶が堺から単身京都堀川に来て、「興販作ㇾ家」と書いたのを東涯自身が後に「廃著作ㇾ家」と書き改めていて、いずれも商売して産をなしたことを伝えている。鎌田家本『古学先生行状』（草稿本）にも「興販」と表現せられている。（先の弘充の『家訓大略』は「廃著して堺邑をさけて」京都に上ったと書いて、廃著の意味を故郷を捨てたことのように解して、販を興した事実をかくしているようにもとれる。そして所持の刀を売って居宅を買い、持参の黄金で坐食していたと記して、いよいよ「興販作ㇾ家」の事実を覆うている。）

しかも一方、東涯は別に享保十七年に『家牒序』を書いている。それによると、「今を距る五百有余年の昔に伊豆の伊藤氏に長弘・長光という人物がいる。一方自分の祖及び曾祖より上は、諱に皆長の字を連ねている。中頃の続き具合は判らぬが、その旁支余裔たることは確かである。」と随分苦しいこじつけをやっている。宝永の初年に刀剣を幾つも買い求めたり、享保年間に帯刀を許されたりしていることを考えると、伊藤家が浪人であるような書き振りが現われる源はこの辺にあるようである。

以上の二つの系統の伊藤家の身分・職業についての伝承はその根源に遡（さかのぼ）れば、いずれも仁斎の生家が商人であったことを証明している。ところで伊藤家が材木屋であったという説は、今日では通説のようになっていて、最近の京都大学文学部国史研究室編の『日本史辞典』にまでその説が伝えられているが、芝山や黙斎の曖昧な表現を証拠に簡単にそのように決めてかかるわけには行かない。私はこれを、伊藤家の確実な記録で確証したいと考えたのである。

（二）

借財の覚書『諸事覚帳』

天理図書館で古義堂文庫の書物を調べている間も、伊藤仁斎の素姓（すじょう）が、断えず片心にかかっていた。ところがある日それらの書物の中に、始めは仁斎が自筆で書き、次に東涯が書き継いだ『諸事覚帳』と整理上の名称をつけられた一冊の書

き物があるのを見出した。これは仁斎が自ら金銭の出入を詳細に書き残したものである。この書の中に、

京上下惣材木や拾四町有。此内へ
中間之銀子あつかり申候覚。
中間之長ニ鶴や七右衛門と仕印はんおし申候。
　　但壱町へ　右之返ニ候。
一四百目　丁銀　利足百匁ニ付壱ケ月ニ付
　　　　四分つゝ、中間長ニ年月付有。
右之内五拾匁中間へ
返し申候。きおんうき橋之入用ニ、中間中ゟ五拾匁つゝ返申候。但中間ニ銀子有レ之、右五拾匁返り申候。則なへや九郎右衛門殿あつかりニ而、則手形有之。寛文拾三年丑六月十七日
右引〆三百五拾匁之あつかりニ候。
此利息おくニ付有之。

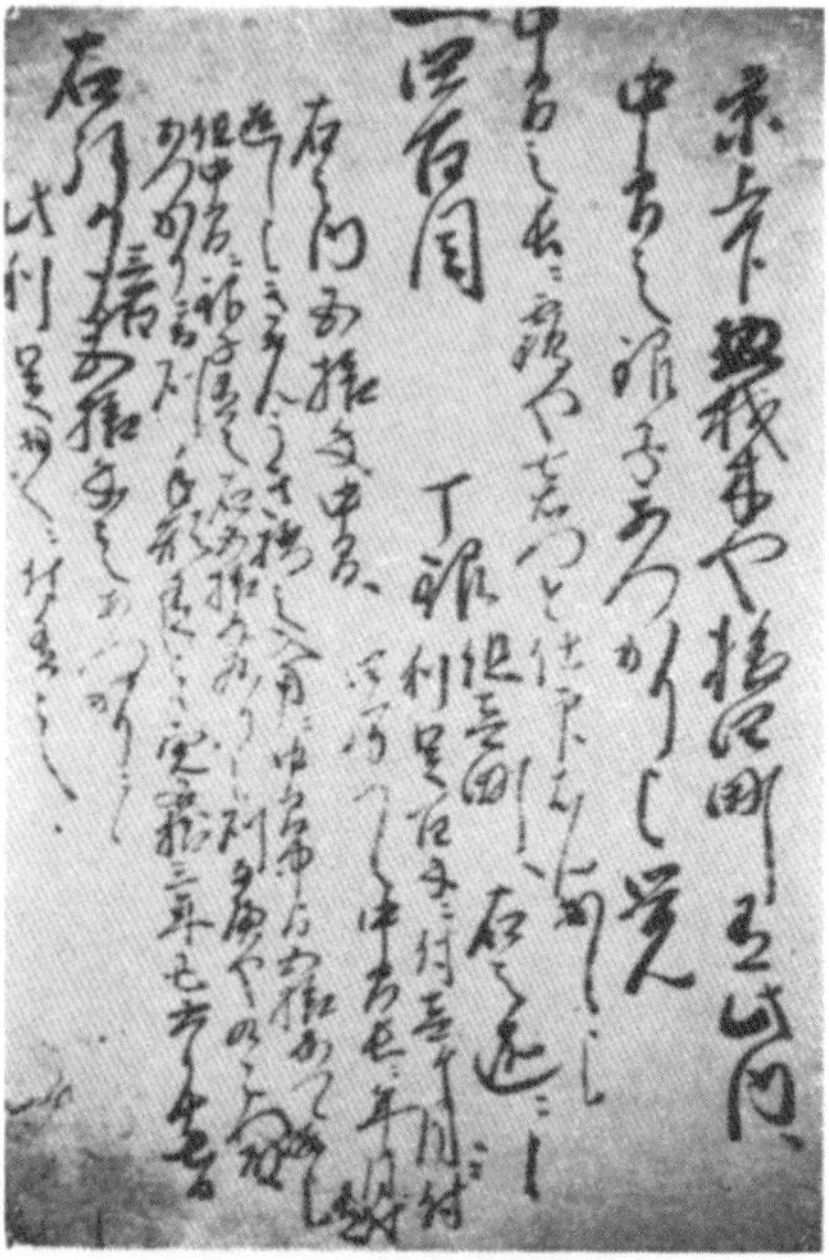

伊藤仁斎自筆『諸事覚帳』
(天理図書館古義堂文庫蔵)

そしてすぐ次に延宝二年二月六日付で、「材木や拾四町 之利足中間へ出シ申候。なべ屋九郎右衛門殿年寄ニ而銀子渡し申候。」と書いている。これを始めとして、元禄十三年まで利率の変動によって毎年十六匁八分から十匁五分を「惣材木中間」への利銀として年寄のなべ屋九郎右衛門と柏屋彦兵衛へ交互に支払ったことが丹念に記されている。

ここに注意されることは「中間の長(仲間の帳)に鶴屋七右衛門と仕印はんおし

鶴屋七右衛門

中候。」と書いてあることである。東涯自筆の『家系略草』によると、伊藤家の先祖の了安と了雪の字（あざな）は判らないが、これに続く祖父の了慶は七郎右衛門といい、その長男の了心がまた七郎右衛門といって丸太町堀河東南畔に住んだ。次男の了室は仁斎の父で、堀川西畔の別宅で生れ、字を七右衛門といったから、伊藤家は兄の七郎右衛門が本家を継ぎ、弟の七右衛門は分家したことが判る（因みに仁斎の幼名は源七という。松下町の隠棲中一時家を仲弟にあずけていたことがあるが、その弟の字は七左衛門という――東涯自筆『家系略草』）。すると『諸事覚帳』にいう材木仲間の銀を借るについて自（みずか）ら用いた鶴屋七右衛門という名は、当時未だ在世中の仁斎の父を指すか、已（すで）に父の名を継いで家計を預かっていた仁斎自身をいうか、そのいずれかでなければならぬ。（尤も伊藤本家の屋号は或いは先にいう通り長沢屋と言ったのかも知れないが、分家を鶴屋という以上、本家も矢張り鶴屋であったろうと思われる。）つまり仁斎の生家が商家であって、仁斎自身商人であったか、或いは商人の子であったわけである。そして材木仲間から金を借りている所を見ると、仁斎の生家は間違いなく材木屋であったように思われる。

堀川材木町

実際、仁斎の住む堀川の辺は古来から材木屋の多い所である。仁斎自筆の『町内用記』にも仁斎の住む下立売上ル、即ち出水下ル町を「東堀川四町目材木町」と書いているし、その頃の地図を見ても材木町とも記している。遠く『実隆公記』に大永五年の頃、堀川の伊藤という材木屋が実隆の所へ材木を届けて来る記事がある。但し仁斎の祖父は天正の頃、堀川に来たのだから、『実隆公記』にいう材木屋の伊藤とは関係はなさそうである。降っては西鶴の『世間胸算用』に「門柱も皆かりの世」という話があって、堀川の材木屋の小者(こもの)が材木の売掛代銀を強引(ごういん)に集金して廻わる話が面白く書かれている(巻二)。

仁斎の金勘定

その上、仁斎を商家の生れらしく思わせることは、この『諸事覚帳』で仁斎が実に細かい金の計算をしている事実である。比較的簡単な例を取れば、寛文十三年九月二十九日に親戚の田付市郎右衛門に六拾弐匁を丁銀(ちょうぎん)で借したが、この内へ極月(十二月)二十四日に銀子六十匁うけ取った、まだ弐匁残りがあるから「重而可申入候」と書いている、即ち二匁請求せねばならぬというのである。また天和三年八月二十日付で五拾七匁二分を金子一両で舅の瀬崎牧右衛門に渡した。但しこれは新米三石分の代であるが、米屋が買う値段よりも一石に付き三匁落ちの筈で、用い次第当方へ取り寄せるという約定でその手形も取ってある、と書いている。商家の生れでなければ、ちょっと出来ない芸当である。仁斎が金銭に全く無関心であって、或る歳の暮に糯を買う金を妻に求められると、仁斎は机に向って書物をよんだまま一言も返答せず、直に着ていた羽織をぬいで妻に与えた、というお芝居がかった『先哲叢談』に載せる逸説は少々疑わしい。

これらを思い合わせると、大高山芝山のいうように、仁斎がもと市廛の販夫(町の商人)で材木を売っていたという事は、まず間違いがないように思われる。

尤も四百目の銀は、小判にして時の相場で拾両足らず、材木という金高の嵩ばる品物を取扱う元手にしては、金額が少なすぎる上に、前述のように、この借金をした当時に仁斎が材木屋を営んでいた形跡がないから、この四百目の正体は解し兼ねる。そこで考えるに、仁斎の家は当時は既に廃業していたが、未だ材木仲間の株を持っていたので、仲間の義務を負担していたのではなかろうか。即ち材木仲間から一定の額を仲間中に借し附け、その利銀を材木組合の何かの費用に充てていたのかも知れないと考えられるのである。

（三）

借金の相手
材木仲間

元禄二年に刊行された『京羽二重織留』という書があって『京都叢書』に収められている。その中に、その頃の京都で有名な材木屋二十八軒を書き上げている箇所がある。それを見ると、伊藤仁斎事鶴屋七右衛門の名前も、なべ屋九郎右衛門や柏屋彦兵衛の店も悉（ことごと）く挙げられていない。もっとも『織留』は諸商売とも代表的な店ばかりを挙げているのだから、鶴屋の名が出ないのは、伊藤家が貧弱な店であったからで、名簿にないからとて直ちに鶴屋が材木商でなかったということにはならない。しかし、なべ屋・柏屋は事情が違う。即ち先の『諸事覚帳』にもあったように、寛文十三年から元禄十四年まで引続いて材木仲間の年寄であった程のものが、『織留』から洩れているのは不可解である。

そこで私は念の為め、もう一度、仁斎自筆の『諸事覚帳』に記載されている四百目借銀の件を読み返して見た。すると仁斎事鶴屋七右衛門が寛文から元禄にかけて二十七年の間利銀を年寄のなべ屋と柏屋とへ、大体交互に持参させているが――ただ一ヵ所延宝七年の所に「町柏屋彦兵衛云々」と書いてあるのを見出した。柏屋はここにおいて仁斎と同じ町に住んでいたことが判ったのである。

仁斎自筆の『町内用記』

ところが、仁斎の住む町のことを記した史料として、古義堂文庫に仁斎自筆の『町内用記』と題する一巻が残っている。この『町内用記』の中に、元禄の初めの頃、京都に捨子が流行したので、町内の七歳以下の子供を書き上げた仁斎自筆の覚え書があって、その中に柏屋彦兵衛借屋某の名があって、柏屋が家持ちで町の有力者であることが判る。しかしもう一人の年寄なべ屋の名は見えない。ところがこの『町内用記』に町汁の規定がある。町汁というのは当時町内の家持（自宅乃至貸屋を持つ人々）が会食する親睦会だが、仁斎自筆の『日記』のうち、今日残っているものの劈頭、即ち天和二年七月朔日の条に、仁斎の家が町汁の当番に当って、客として「九郎右衛門・彦兵衛」以下某々が来たと記している。彦兵衛は『町内用記』で判った柏屋彦兵衛のことである。九郎右衛門はなべ屋九郎右衛門と同名だが、その屋号が鍋屋かどうかは不明であるが、『日記』を繰って、他の町汁の記載を探すと、天和二年十二月六日に町の壺屋で町汁があって、相客は「なべ屋九郎右衛門・彦兵衛」以下誰々であると書いている。これでなべ屋も柏屋も材木仲間の年寄で、且つ仁斎と同町の住民であったことになる。しかし町汁の相客の連名においてはこの二人の名が必ず最初に出ている所を見ると、この両名は町の顔役の筆頭であるようである。とすると、あるいは鍋屋と柏屋は材木仲間の年寄でなく町の年寄であるのかも知れない。

ところが、この両名が町の年寄だと仮定すると、二つの差問が起って来る。第一は先の仁斎自筆の『町内用記』に収めてある多くの町触れに一つ位は彼らの名前が出ていそうなものであるのに、それらすべての町触れを仁斎が自筆で書き、且つ自分の名を署名していることとである。例えば第八通目の朝鮮人参の取締に関する覚書には、仁斎の字である「源佐」という名がちゃんと書いてある。

しかし注意して見ると、この署名はどうやら怪しい。といって書体は紛れもなく仁斎の筆蹟だが、署名の所だけ別の紙が判らないように貼り付けられている。即ち以前に他の名前が書いてあったのを、その所だけ小さく紙を切り取り、「源佐」と署名してある紙を、その紙質が同じであるのを幸いに、気附かれないように、貼りつけているのである。そう気が附いたので『町内用記』全巻を、もう一度丹念に調べると、右の一通を除いた各触状（ふれじょう）とも、年寄の名が一切書かれていないが、しかしよく注意すると、その中の大多数は、もとその名の書かれていた場所が小さく切り取られて、同質の白紙が目立たぬように貼りつけられているのである。また第十通目の元禄八年の「口触」では、年寄某とでも読めそうな字が故意に抹消されて、殆んど消えかかっている。柏屋・なべ屋の名が、こうした切り取られ、消し去られた部分に書かれていたことは、充分想像し得ることである。ともかく、仁斎がこの触状を書いたのは町の年寄としてでなく文字の書けるところから町の年寄に頼まれて代筆したか、或いは触状の控えを取っておいたものであることが判った。こうした細工は、これらの触状を一巻に装訂した伊藤徳蔵氏の手によってなされたことで、先祖の仁斎先生を町の年寄らしく見せかける手段である。先祖を立派に見せたいと願う崇祖の念のほかにこんなことをした目的も、

「材木屋十四町」

他の資料から大体見当が附くが、あまりに脇道にそれるので話をもとに戻す事にしよう。

さて鍋屋と柏屋が町の年寄だと仮定すると、今一つの差閊(さしつかえ)が生じる。即ち仁斎が毎年、町の年寄に利子を支払っていた理由を如何に解釈するかという事である。なお言えば材木仲間の銀も彼らを通じて借りていたことになるが果してそうであろうか。そこでまたもや材木仲間からの借銀の件を読み返えすと、材木屋十四町というのが気にかかって来た。材木屋なら十四軒というべきで、十四町というのは変である。更に借銀の利子を支払った最後の年、即ち元禄十四年三月六日には前年の十匁五分より少ない七匁五分を柏屋彦兵衛に手渡しているが、その後に小さく東涯の筆蹟で、三百五拾匁の内の百匁を去年六月彦兵衛へ手渡したから、百匁分の利足を差引いてある、と記している。先に予想したように、材木仲間が四百匁の銀を仲間中に貸し附け、その利銀で材木組合の費用を弁じていたものとす

「先生の手形」

れば、肝心の元銀を返済して了ったのでは筋が通らぬ。

とも角、東涯までが材木仲間に関係していることが判った以上、この『諸事覚帳』も仁斎自筆の部分だけを見ているのでは不充分である。東涯自筆の所にも目を通す必要があるであろう。そこで『諸事覚帳』の東涯筆の部分を一渡り見て行くと、仁斎の歿した翌年の宝永三年二月廿五日に「一、百目」という書き出しで、「町より預り申候四百目之内段々相済、百弐拾三匁此度重蔵乗有へ持参、二拾三匁は仲間よりかんにんにて百目遣、是にて皆済也、先生ノ手形返リ申候、乗有老請取有レ之。」という記事が出て来た。「先生の手形」が返って来たということによって、確かにこの金は仁斎が借りたもので、従って鶴屋七右衛門というのは仁斎自身を指すことが判った。乗有はなべ屋九郎右衛門か、あるいは柏屋彦兵衛の入道名でもあろうか。そして他の記載には明らかに「町より預り申候四百目」とあり、また材木「仲間よりかんにんにて」二十三匁まけて貰ったことを記している。

これで仁斎は直接材木仲間から四百匁の銀子を借りたのではなく、一応町を通じて借りていたことが判る。とするとどうやら鍋屋と柏屋とは町の年寄ということになる。さればこそ仁斎は年々「町の」鍋屋と柏屋へ利銀を持って行った訳である。また「町の」鍋屋が仁斎に利息の催促をしている所以も理解出来る。

こうなると、仁斎の住む材木町四町目が材木仲間とどういう関係になるのか。何故町が借銀の保証に立たねばならないのかが問題になる。仁斎の家が材木屋であったか、なかったかを決定するには、この関係が判明しなければならない。ところで、先の仁斎の覚え書きには四百匁の借銀中より祇園の浮橋（うきはし）の費用に仲間中より五十匁ずつ返したとあるから、祇園神社と関係がありそうである。そこで八坂神社の史料を探して見たが、一向にそれらしいものは出て来ない。手掛りを失っている時、ふと京都大学の国史研究室に、寛文・元禄・享保の頃――つまり元禄時代の京都の町の慣例其他を輯（あつ）めて行政の便りとした『京都御役所向大概覚書』という書物のあることに気がついた。そこで天理図書館から帰ると、早速、京都大学の国史研究室へ出かけて調べて見た。

祇園神社と材木仲間

（四）

『京都御役所向大概覚書』に「祇園会神幸仮橋掛ケ候町数之事」という条があって、それに東堀川一条上ル富田町以下仁斎の住む東堀川通出水下ル町をも含めた十一町と、河原町三条上ル町以下の四町、都合合せて十五町の町より毎年祇園会両日の神幸の仮橋をかける入用の割符を仕出し、行事が三人出て仮橋を掛けさせる。六月六日に三条通堺町の辻で、仮橋の事を下雑色四人が立会い、行事へ申し渡す、と書いている。そして但し書きとして、先の拾一町は材木屋がないけれども、材木仲間の役儀が町中へかかり、後の四町は材木屋があるからそれに役儀がかかって、町へはかからない、と説明している。

仁斎が『諸事覚帳』にいう祇園の浮橋に関係する材木屋十四町とはこの事である。もっとも十四町と十五町では、一町の差が出るが、仁斎の借銀は寛文十三年、『御役所向大概』の記事は多分元禄時代の末葉と思われるから、その間に一町仲間の町が増加したものと思われる。或いは一町が二ヵ町に割れたのかも知れない。『御役所向大概』記載の材木町と、『京羽二重織留』記載の材木屋の所在町名とを見較べれば判るように、材木屋のいる町が悉く材木町の仲間に入っていたのでなく、「材木屋拾四町」は祇園の神事に関係する特別の町々の組合であったのである。仁斎の当時、堀川通りの町名にはまだ材木町何丁目という名称が使用されていた程であるから、昔は多くの材木屋が軒を並べて、彼らが祇園神事の役儀を負担していたのが、何時しか時勢の変遷と共に、材木屋の数も減少し、神事の役儀のみを残して、材木屋のない町々も出来たものと思われる。仁斎の住む町もその一つであった。これによって年寄の鍋屋・柏屋が材木商でなく、従って材木仲間の年寄ではなく、それらと関係のない、仁斎の住む町の、年寄にすぎないことが確実に判った。

さてこれらの町々が神幸の仮橋をかける費用を分担する方法は、他の鉾町のように、家毎に家の間口の率によって出銀したものか、それとも仁斎筆の『町内用記』にある町の費用同様、家持ち、乃至は表借屋、裏借屋の相異によって出銀したものか、いずれとも判り兼ねるが、とも角、仁斎の借りた四百匁の銀もまたこの祇園祭の材木役に関係のあることだけは、確実である。こうなると、仁斎の借りた銀は、祇園祭の時の浮橋をかける役儀を負うた所の材木仲間という名称で纏められている拾四町の町々の組合が、その費用を支出する一法として、組合中の町へ、一町につき四百目ずつの割合で貸し附け、その利子を収めて、祭の費用に充てていたものと考えられる。そして町はまた町で、その金を町の年寄を通じ、町内で金のさしづめ入用な者に貸し附けたものらしく、いわば一種のたのもしである。その銀高が一町に四百匁である事は、仁斎の借銀の覚え書に、「一、四百目　丁銀　但壱町へ云々」とある事によって知ることが出来る。こう解釈して始めて、仁斎が四百匁借りた中から、祇園祭の仮橋の入用に一旦返したところが中間に銀子が有ったので再び戻って来た五十匁の銀を、町のなべ屋九郎右衛門が町の年寄として預ったこととの意味が諒解出来る。即ち材木仲間に属する各町は、しめて四百匁借る義務があったのである。

延宝の罹災と借銀

こうなると、仁斎が金を借りたのは、材木商組合の一員たる資格においてではないことが判る。仁斎はただ、金に詰って「たのもし」を落したまでである。

実際、仁斎の家はその少年時代から段々窮乏に向い、『諸事覚帳』にもあるように、この四百匁の銀子を借る前からも借財があった。現に、親戚の吉田平兵衛から無利足の証文なしという信用貸で、丁銀弐百匁を借りていることが、『諸事覚帳』に書かれている。特にこの材木仲間の銀を借る一月前の、寛文十三年

（延宝元年）五月にはいわゆる延宝の大火があって、仁斎の家も罹災し、東涯の書いた『先游伝』や『盍簪録』にもあるように、仁斎は執筆中の『古義』の草稿一部を持って老父母と共に火の手をさけて、京極大恩寺に避難したのである。家財もすっかり焼いてしまい、東涯が後年この話しを聞いて「百物蕩燼」と形容した程である。仁斎親子は暫らく大恩寺にいたが、八月から十一月までは、附近の川井新右衛門の借家を月二十五匁の家賃で借りて住んだ。その間に仁斎は焼跡の整理をし、新しい家を建てる計画を始めたのである。しかし金のありよう筈もない。火事の直後、親戚の山田善太郎から材木一貫匁分と銀子四百匁の合力を、家主の川井新右衛門を通じて請け取った。六月十七日に、今まで話して来た材木仲間の銀子四百匁を借りうけ、更に十月二十三日には伊藤五郎右衛門から小判で二十両借りた（以上『諸事覚帳』による）。こうした貧弱な資金で、仁斎は「草々に経営し」、十一月か十二月に新宅へ引越したのである。この家は「その後も時々修葺したけれども、傾圮腐朽して毎に整頓を煩わし、五十七年後には住むに堪えなくなった」と、享保十四年にこの家を大改造した時、東涯はその『新修宅記』の中で述べている。雨の日に古義堂を訪れると、仁斎先生自らこの所がよろしかろうと雨漏りを避けながら、客に座をすすめたというのも、この家であった。

伊藤家と材木仲間

　こういうわけで、延宝の大火の後の居宅再建の為に、仁斎は一文でも多くの金が欲しかったのである。四百目の銀が先のような始末で、材木仲間の役儀として町へかかっている。仁斎は早速これを借り請けたのである。『御役所向大概』によると、材木屋のある町では、材木屋へかかって、町へはかからないのが古来の慣例であるから、もし仁斎の家が材木屋であったなら、直接材木仲間と貸借する筈である。また、伊藤家が材木屋であって材木仲間と直接交渉していたら、祇園祭の神幸の仮橋の入用に返した五十匁が、不用になって戻って来た場合、仁斎の手に戻らずに町の年寄が「預り手形」を書いて手許においておく筈もないであろう。

これらの理由は、『御役所向大概』に東堀川通出水上ル町に材木屋なしとあり、また少し遡って元禄二年の『京羽二重織留』の材木屋の名簿にその名の出ていなかったことなどを傍証として、それらを遡る寛文十三年にも、出水上ル町には材木屋なく、仁斎の家も当時は材木商でなかったことを物語るものである。

仁斎生家の家業

こう見て来ると折角、一時は材木商らしく思わせた有望な史料も、今はかえって寛文十三年前後には仁斎の家が材木屋でなかったことを証明する史料となってしまったのである。もっとも寛文十三年以前に材木屋であったかどうか、材木屋でなくば何を商っていたか、は一切判らないが、仁斎の生家が商家であり、老仁斎がその頃なお「鶴屋七右衛門」を称していたことだけは確かである。

仁斎学の素姓

成程伊藤家の学問は、商家の子伊藤仁斎によって創始せられはしたが、しかしその派の学問は町人の——即ち町人たることの——自覚に立ち、その意識を進める学問ではなかった。このことはその素姓（すじょう）に対する伊藤家歴代の前述の態度のうちにも充分に汲み取ることが出来るであろう。かの石田梅巌が商人たるの素姓をむしろ誇示（こじ）し宣伝して、自らの学を町人の学といい、仁斎の創（はじ）めた古義堂の学問に向って、商人心を忘れさせるものとの激しい非難を浴せた所以（ゆえん）は、以上の仁斎の素姓調べのみによっても充分に理解されて来るのである。

第二　仁斎と尾形家

――妙顕寺蔵漆塗螺鈿経箱をめぐって――

(一)

漆塗螺鈿経箱

昭和二十一年十一月に国立京都博物館において「京都寺院新史料展」が催された。この展観は昭和十六年以後、京都府において管下の寺院三千ヵ寺について行われた重宝調査によって、当時までに採録された四万点に及ぶ宝物類の中から市内の寺院を中心に約百九十点の優秀な新資料を選択して、公開されたものであった。その展観の工芸品之部に妙顕寺より木造漆塗花唐草文螺鈿経箱が出陳された。この経箱の蓋裏の黒漆地に貞享二年尾形新三郎維定の寄進銘が朱漆で記されていた。

寄進者尾形新三郎維定

この経箱が尾形光琳に関係のありそうなことは寄進者の姓名、寄進の年号や寄進先の寺号から、容易に想像されたが、尾形新三郎維定の確実な素姓は「新史料展」の主催者側には判明していなかったようである。もっとも当時既に尾形家については『芸文（げいもん）』誌上に発表された福井利吉郎博士の「光琳考」や、『美術研究』に田中喜作氏の紹介された「小西家旧蔵光琳関係史料」等があって、ほぼその全貌が明らかにされていたが、それらの中に彼の名は全く現われていなかったのである。しかし筆者はこの寄進者の素姓を思いがけぬ所——当時筆者が「学術振興会」の補助を受けて調査中の天理図書館古義堂文庫（伊藤家旧蔵）の仁斎関係史料の中—

ーに発見していたのである。もっとも次の事実は小西家旧蔵の光琳関係史料の未紹介の部分によっても知り得るかも知れないが、しかし筆者寡聞のために未だそのことを聞かないし、またよし小西家旧蔵の史料によって知り得るとしても、それと全く別系統の史料によってその事実が再確認されることは決して無意味でないと考えられる。

（二）

さて話を進めるに当って既刊の前記の諸文献によって知り得る宗柏の子孫と、筆者がここに紹介しようとする人々（これらには━━を施す）とを含めた尾形家の系譜を左に掲げておこう。

仁斎の妻尾形嘉那

そしてまず仁斎の妻尾形嘉那を紹介しよう。古義堂文庫所蔵の東涯自筆の『家世私記』に収める『先妣貞淑孺人緒方氏墓碑銘』に次の記事がある。

〔尾形家系譜〕

尾形伊春字新三郎—道柏字新三郎—宗柏字新三郎

- 宗柏＝井上氏妙儒
  - 宗甫字新三郎—元真字新三郎—某諱維定字新三郎
  - 元安—（嘉那）＝伊藤仁斎
    - 東涯
  - （五郎助）早世
  - 宗中諱維直字八左衛門—宗哲諱維文字八左衛門
- 宗柏＝秋場氏一樹
  - 日意
  - 宗謙小字主馬
    - （藤三郎）
    - （市之丞）（光琳）
    - （権平）（乾山）
  - 某字三右衛門

孺人諱嘉那、姓緒方氏、緒方本大神氏之別祖、曰維基事見二平家物語一。曽祖道柏、祖宗柏、世為二京師豪族一。東福門院時業レ供二衣服一。考元安、半井家流。叙二位法橋一。十二月五日忌日也。仕二于浅野侯一。因幡守殿。備中三好城。

これによって仁斎の妻の嘉那が尾形元安の娘であり、光琳・乾山とは〝いとこ〟の関係に当ることを知る。

富商尾形元真

この嘉那に元真という従兄があった。東涯が後年亡父仁斎と親交のあった人々の略伝を輯めた『先游伝』という書物の中に次の記事がある。

緒方元真。世貫二于京師一以レ豪聞。好読レ書、人品不レ凡。与二活所（那波）・坦庵（伊藤）諸先一相師友。其好二唐詩選一、七絶格調高古者若干首、取舎数番、請二当時能書人一分写、貼二諸屏障一。後人輯曰二屛風詩選一。与二先子（仁斎）一友善。於二先妣（仁斎妻嘉那）一為二堂兄一。寛文中卒。歯未二強仕一。

ここに堂兄というのは「父方のいとこ」のことであるが、東涯自筆の『先游伝』の草稿には明白に、元真は「先妣之従兄」で「以レ貲雄二于郷里一」と記されている。また古義堂文庫所蔵の東涯自筆の『家乗』の元禄十六年正月十六日の条にも、

緒方元真三十三回忌之弔に付、同宗哲宅にて旧友を被レ招、宗大人（宗哲）・友佺（村上冬嶺）・伊平（北村篤所）等被レ出。予同レ之。元真ハ宗哲の従兄にて学問奇様ナル人也。実ハ三十二年也。

とある。宗哲とは宗柏の三男宗中（宗甫・元安の弟、宗謙の兄）の子で、仁斎の妻嘉那の従弟で、仁

斎とも親交のある儒者であった。以上の史料によって我々は元真が仁斎の妻尾形嘉那の従兄であり、元禄十六年より逆算して寛文の末年に四十歳未満で歿した根生いの分限者であったことを知るのである。かくて元真は小西家旧蔵の系図によって宗中・元安の兄に当る宗甫の子となる訳である。宗甫は万治三年五十八歳で歿し、元真は寛文末年四十歳未満で歿しているから、元真を宗甫の子とすれば宗甫三十歳以後の子となって、年齢上の矛盾はない。

仁斎と尾形元真

この尾形元真が仁斎と親交があったことは『先游伝』に記載する如くであるが、東涯自筆の『当世詩林続編』には元真作の「送義空師」という詩を載せて

聞、此詩三十年前膾炙人口。訪諸耆旧皆不記。頃予州学生語予。但適字作元字。家府(仁斎)告予云。「本作素。予欲改適字。元真初弗肯。久之曰、〝適字佳。〟遂致焉。此詩始出、社中不甚賞。老圃堂作尋常語□(一字不明)。坦庵(伊藤宗恕)帰自江府、一覧嗟伏。自此、玄真(元真)亦自珍。」

と記している。また元真は『町人考見録』や『翁草』に紹介されている京都根生いの大分限、大大名貸の那波屋九郎左衛門とも親交があった。先掲の『先游伝』に収めている元真の伝に「後人」とあるは那波屋九郎左衛門を指したことが、『紹述先生（東涯）文集』（巻三）の「屛風詩選序」によって知ることが出来る。即ち「序」の中に

> 那波古峯（九郎左衛門の号）亦知ニ元真一者也。惜下其選之不上伝、索ニ之其族家一、而得ニ其屛風一。

とある。

このように元真は文学を好み、自ら詩を作り、専門文化人や根生いの分限者の構成する社交界の重要人物であったが、この元真の子が問題の妙顕寺の経箱の寄進者、尾形新三郎維定であるらしい。

（三）

尾形家は先祖より伊春・道柏・宗柏と代々新三郎を称し、新三郎という字（あざな）は総領家の長男につけられる習わしであったようである。（ただ宗柏の子の宗甫のみは、福井氏の「光琳考」に八左衛門と称したように見えるが、宗柏の三男宗中を八左衛門といったことが東涯の「議光先生碣銘」（『紹述先生文集』巻十四）によっても確かめられるから、やはり宗甫は新三郎と称したのではないかと思われる。しかし只今のところ、筆者は小西家旧蔵の系図を見ることが出来ないので確言し兼ねる。元真の字（あざな）も未詳であるが、新三郎と推測する。）故に妙顕寺の経箱の寄進者「尾形新三郎維定」もやはり尾形家の総領家の長男と考えるのが至当であろう。（維定の維の字は尾形家が歴代用いる文字である。）以上が維定を元真の子と推定する第一の理由である。

次に仁斎自筆の『日記』の天和二年七月十六日の条に、尾形新三郎方に久敷召（ひさしくめし）遣（つこ）うていた手代（てだい）が不届な所行があったために暇を出した所、新三郎の他行を窺い見舞の態（てい）で訪れて放火したが、大勢集まり揉（も）み消した。その騒ぎの最中に再びかの手代が現われたので、「内之物共見つけからめ」たことを記し、翌十七日の条には尾形宗哲が仁斎を訪れ、右の手代の件につき前田安芸守輩下の与力と相談したいからと仁斎の紹介を願って来たことを記している。新三郎の家は数多の使用人を擁する商家であったらしい。更に『紹述先生文集』(巻二十二)によると、元禄二年の東涯の詩序に「緒方新三郎宅有二半山亭一」とあり、またその亭が頻繁に富商・文化人との社交の会場になっていることが判り、その富裕の程が察せられる。これが新三郎維定を富商元真の相続人とする第二の理由である。

次にこの新三郎維定は元真同様自ら詩を作り、且つ詩客・文人・学者との交際が多く、且つ元真の親しかった尾形宗哲・伊藤仁斎・村上冬嶺・北村篤所や那波九郎左衛門との交わりが殊に濃やかで、彼はこれらの元真の旧友と実に頻繁に社交の催しをもったことが、仁斎・東涯の『家乗』・『詩文集』や東涯編の『当世詩林』等によって知ることが出来る。一例をあげれば『紹述先生文集』巻二十二に

収める元禄元年の詩序に、

会二半山亭一次二主人韻一。十一月二日尾片維定之招、従二家君（仁斎）一会二半山亭一。村曼甫（村上冬嶺）・篤所（北村伊兵衛）・蕉窓（那波屋九郎左衛門古峰）見レ招。

とある。維定を元真の子と推定する所以の第三である。

このように考えると、維定が元真の子で宗甫流の相続人であることはまず確実らしく思われる。この経箱が尾形家歴代の墓所である妙顕寺に寄進せられた理由も兼ねて肯ける訳である。

（四）

さて話かわって伊藤仁斎自筆の『日記』（天和二・三年の分のみ遺存）を見ると、天和三年一月朔日の条に尾形勝三郎が年頭の挨拶に訪れている（藤三郎又は滕三郎の書き誤とせば光琳の兄となる）。二日には尾形権平と尾形新三郎が礼に来た。権平はおそらく父宗謙の代理で来たのであろう。宗謙は時に六十三歳、権平（乾山）は二十一歳である。

光琳は年賀に仁斎を訪れていない。父宗謙の遺産の中能道具一式を譲られた兄光琳と書籍一式を譲られた弟乾山の性質の相異がここにも見出されて面白い。しかし仁斎はこの返礼に尾形宗謙宅へ出向いていない。またその後の存生中も日意や宗謙及びその子の藤三郎・光琳・乾山の名も、彼らとの交際の跡も、何一つ記録に留めていない。然るに新三郎維定へは仁斎自ら十三日に返礼に出向いている。且つ元真・維定を始め元安及び宗中とその子の宗哲らの名は仁斎及び東涯の『家乗』・『詩文集』、その他にしばしば現われ、維定・宗哲（維文）らと仁斎等との交わりは殊に親密である。即ち伊藤家との親疎関係から見て尾形家（宗柏の子孫）は二群に分類されることになる。これは福井博士が宗甫・元安・宗中は宗柏と先妻某の子、日意・宗謙らは後妻秋場氏の子と推定されたことと関係して面白い事実である。

尾形家内部の対立

しかし、これは単に伊藤家と尾形家両派の親疎の度合を示すものではなく、尾形家のこの二群がそれぞれ全く性質を異にする教養に浸透されていたことを示すものでもある。即ち元真・維定・宗哲の一党は文学を愛し、学問を好み、それらの教養を媒介として学者・文人との社交を楽しんだ。一方、宗謙・光琳・乾山の一群は書画や能楽等、いわば形に現われた芸術を愛し、それを通じて小島宗真・山本素軒等の書家・画家との社交を楽しんだ。そしてその社交界の中に前者には京都根生いの大名貸、那波屋九郎左衛門があり、後者には京都根生いの分限者に交際を申込み俄成金の故を以て侮蔑(ぶべつ)的に拒絶された中村内蔵助がいた。且つ宗甫・元真・新三郎維定の長男家は宗謙・光琳・乾山の家とは仲がよくない。小西家旧蔵の尾形家の『霊名記』は宗謙の実母の秋場氏が長男の宗甫を憎み、宗甫の家を絶して宗謙に家督を相続させようとしたという。伊藤家の関係史料に関する限り、新三郎維定の参加する会合には、光琳・乾山が一度も顔を出していないことが注意される。

妙顕寺蔵経箱の作者

これらの事実はこの妙顕寺の経箱の作者として光琳を考えることの出来ないことを意味する。また実際、この経箱の図案には光琳らしさ、元禄京都の俄成金中村内蔵助の趣味に適(かな)い、遊女の着物に草花を描いたあの光琳の自由濶達豪放の風は見えず、派手ながらも謹直な図柄であった。それではこの経箱の作者は誰であるか、それは筆者にも判らない。ただ強(し)いて推定すれば、仁斎の母里村那倍(なべ)の姉の夫田付常堅の子で、仁斎の妹の夫に当る田付高政（後素庵(こうそあん)常甫）（『京羽二重』にも載せる当時京都の名漆工）であるかも知れぬ。しかしこれは全くの推量で、何等の客観的証拠が存する訳ではない。

筆者はあの展観の日、妙顕寺の経箱が元禄京都におけるこうした人々の生活環境から生れたことを思い、仁斎と尾形家の関係に思いを趨(は)せて、暫しその前に歩みを止めたことを思い出すのである。

伊藤仁斎系図

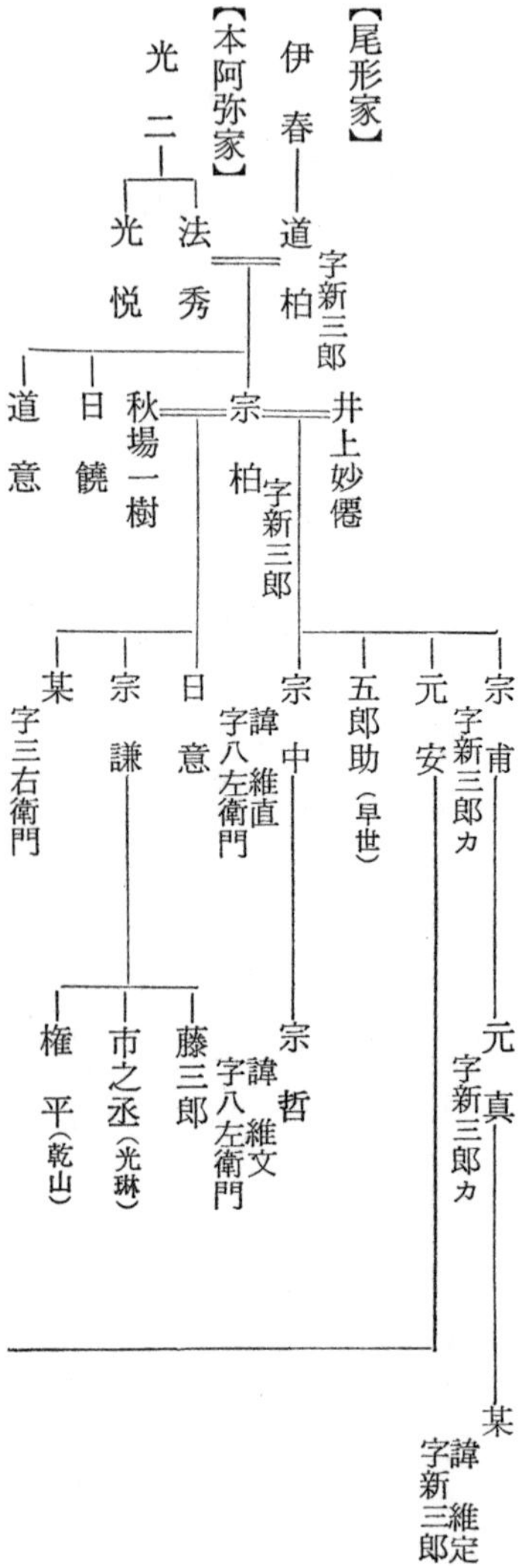
【尾形家】
伊春
道柏 字新三郎
井上妙僊
宗柏 字新三郎
【本阿弥家】
光二
法秀
光悦
秋場一樹
日饒
道意
宗甫 字新三郎カ
元安
五郎助（早世）
宗中 諱維直 字八左衛門
日意
宗謙
某 字三右衛門
元真 字新三郎カ
宗哲 諱維文 字八左衛門
藤三郎
市之丞（光琳）
権平（乾山）
某 諱維定 字新三郎

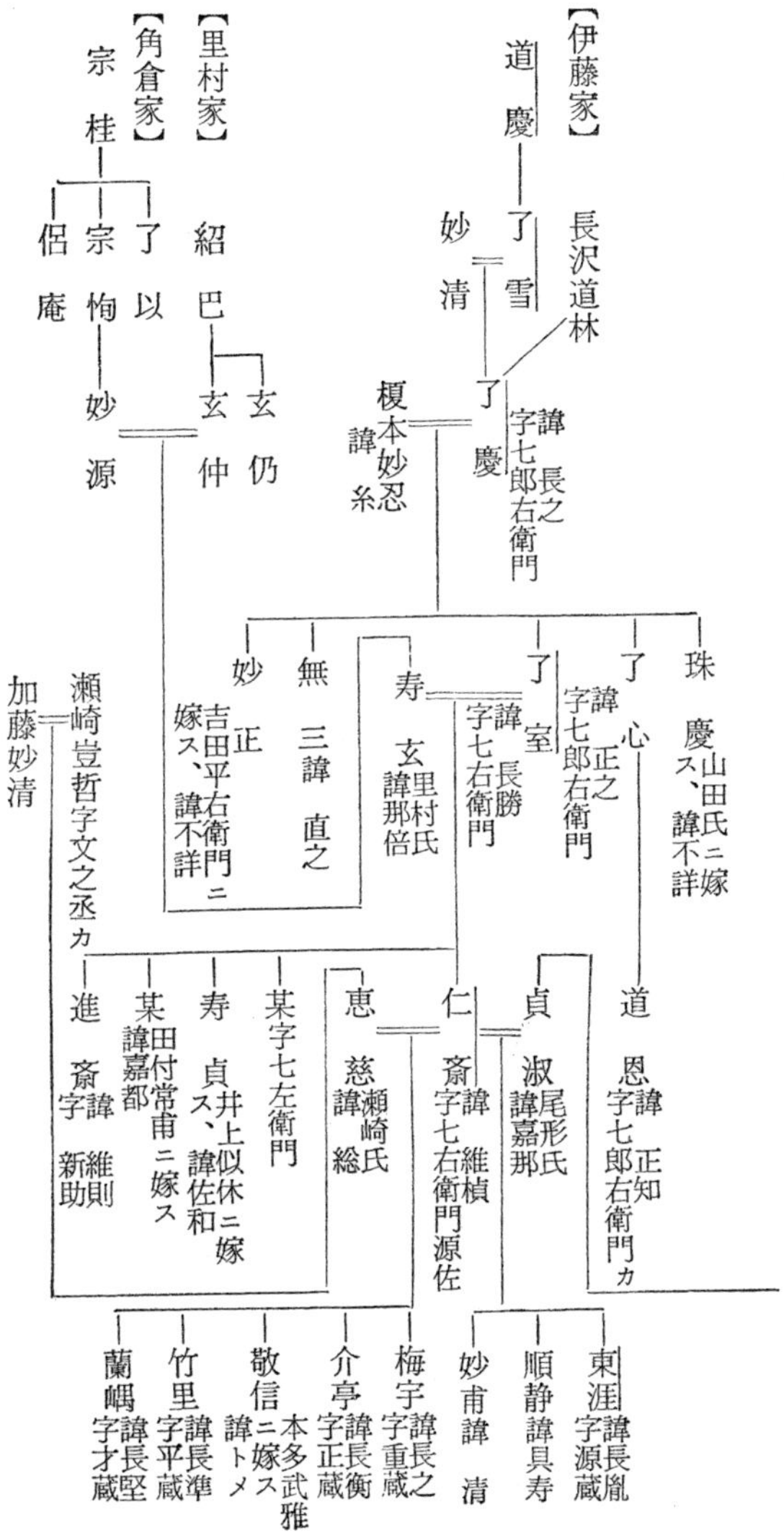
【伊藤家】
道慶
了雪
長沢道林
妙清
了慶
諱長之
字七郎右衛門
榎本妙忍
諱糸
珠慶
山田氏ニ嫁ス、諱不詳
了心
諱正之
字七郎右衛門
了室
諱長勝
字七右衛門
寿
玄
里村氏
諱那倍
無三
諱直之
妙正
吉田平右衛門ニ嫁ス、諱不詳
道恩
諱正知
字七郎右衛門カ
貞淑
尾形氏
諱嘉那
仁斎
諱維楨
字七右衛門源佐
恵慈
瀬崎氏
諱総
某
字七左衛門
寿貞
井上似休ニ嫁ス、諱佐和
某
田付常甫ニ嫁ス
諱嘉都
進斎
諱維則
字新助
瀬崎豈哲
字文之丞カ
加藤妙清
東涯
諱長胤
字源蔵
順静
諱具寿
妙甫
諱清
梅宇
諱長之
字重蔵
介亭
諱長衡
字正蔵
敬信
本多武雅ニ嫁ス
諱トメ
竹里
諱長準
字平蔵
蘭嵎
諱長堅
字才蔵
【里村家】
紹巴
玄仍
玄仲
【角倉家】
宗桂
了以
宗恂
妙源
侶庵

略年譜

年次	西暦	年齢	事蹟（家族関係事項を含む）	参考事項
寛永四	一六二七	一	七月二〇日、京都堀河通勘解由小路上ル町に鶴屋七右衛門の長男として誕生。母は里村那倍（紹巴の孫、玄仲の娘）	幕府、五山僧侶の出世の法度を下す
五	一六二八	二		徳川光圀生る○幕府、大徳・妙心二寺の出世を停め、後、妙心寺の出世を許す
六	一六二九	三		幕府、大徳寺僧沢庵・玉室・単伝等を陸奥・出羽に流す○家光乳母斎藤氏、参内して天皇に謁し春日の局の称号を賜わる○後水尾天皇譲位○中村惕斎生る
七	一六三〇	四		貝原益軒生る
九	一六三二	六		後藤松軒生る
一〇	一六三三	七		宇都宮遯庵生る
一一	一六三四	八		将軍家光、上洛して二条城に入り、参内す○譜代大名の妻子を江戸に置かしむ○里村

一二	一六三五	九		昌琢歿す（六一歳） 六月、武家諸法度を改定し、参勤交代の制を定む
一四	一六三七	一一	初めて師について句読を習う。『大学』を教わり、治国平天下章を読む○二月、本阿弥光悦歿す（八一歳）	島原の乱起る
一八	一六四一	一五	この頃、学を好み聖賢の道に志す	
一九	一六四二	一六	この頃、朱子の四書を読む。これより深く宋儒の学を好み『語録』『或問』『近思録』『性理大全』等を尊信し熟思す	
正保二	一六四五	一九	父に従って琵琶湖に遊び詩を作る	
三	一六四六	二〇	先妻尾形嘉那（貞淑孺人）生る○妹嘉都生る	山崎闇斎、還俗して儒に帰す
慶安元	一六四八	二二		松永昌三、講習堂を造る○那波活所歿す（五四歳）
二	一六四九	二三		小河立所生る○大高坂芝山生る○北村篤所生る
三	一六五〇	二四	九月、弟虎之助生る（早世）	佐藤直方生る
四	一六五一	二五	九月、末弟進斎生る	徳川家光歿す（四八歳）

承応 元	一六五二	二六	『太極論』を著わす○『敬斎記』を著わして、自ら敬斎と号す。また誠修の二字を掲げて自ら警む	山鹿素行、赤穂に遊ぶ○浅見絅斎生る
二	一六五三	二七		
三	一六五四	二八	この頃『性善論』、その後『心学原論』を著わし、宋儒未発の見を発すと自認す	荒川景元生る
明暦 元	一六五五	二九	俄に病み驚悸安からず。宅を仲弟に附して松下町に隠棲し、井上養白を友として日夕勉学す	山崎闇斎、塾を南福大明神町に開く
二	一六五六	三〇		所司代牧野親成、京都市中に年寄を置く
三	一六五七	三一		江戸大火○林道春歿す（七五歳）○松永昌三（尺五）歿す（六六歳）
万治 元	一六五八	三二	五月、後妻瀬崎総（恵慈孺人）生る○閏一二月、『仁説』を草す○この頃仁斎と号を改む	江戸大火○熊沢蕃山、京都に隠る○室鳩巣生る○中島義方生る
二	一六五九	三三	朱舜水の帰化を聞き長崎に赴きて師事せんとするも果さず	朱舜水（時に六〇歳）、長崎に来る。安東省庵、俸を割いて舜水を養う
寛文 元	一六六一	三五	中冬、『書斎私祝』を著わす	
二	一六六二	三六	五月、京都大地震。家に還りて塾を開き生	

			徒を教う○「同志会」を設け『同志会式』『同志会籍申約』を著わす○この頃、小川立所・弘斎兄弟入門す	
三	一六六三	三七	この頃、初めて己の見を出し、『論語古義』『孟子古義』『中庸発揮』を草定し始む○『五経』の会読を始む	野中兼山歿す（四九歳）
四	一六六四	三八	この頃、朱舜水に師事せんとし、安東省庵に仲介を依頼す	徳川光圀、朱舜水の意向を探る
五	一六六五	三九		保科正之、山崎闇斎を招聘す○徳川光圀、朱舜水を招聘す
六	一六六六	四〇		荻生徂徠生る○山鹿素行、赤穂に流さる
七	一六六七	四一		安藤年山生る
八	一六六八	四二	三月、『私擬策問』において『大学』は孔子の遺著にあらず、『中庸』却って孔子の心に協うと説く	江戸大火○初めて京都町奉行を置く○僧元政歿す（四六歳）
九	一六六九	四三		荒川景元、紀州に仕う
一〇	一六七〇	四四	四月、長男源蔵（東涯）生る	佐藤直方、闇斎に入門す
一一	一六七一	四五	この頃、尾形元真歿す	

一二	一六七二	四六	この頃、細川侯の招聘を受くるも、母病み侍養する者なき理由を以て辞退す	石川丈山歿す（九〇歳）
延宝 元	一六七三	四七	五月、京都の大火に罹災し、『古義』草稿一部を持って京極大恩寺に逃る○七月、母僑居にて死す。越前侯松平光通、仁斎の名行をよろこび使幣・海物を送る。仁斎、三年の喪に服す	
二	一六七四	四八	九月、父了室歿し、三年の喪に従う○通計四年の服喪中に「同志会」を解消し、『同志会筆記』を作る	
四	一六七六	五〇	除服。一〇月始めて開講す	祇園南海生る
五	一六七七	五一	この頃、講席を「水哉閣」と名づく	
六	一六七八	五二	一〇月、妻（尾形）嘉那歿す（三三歳）	米川操軒歿す（五四歳）
七	一六七九	五三		飛鳥井雅章歿す（六八歳）○浅見絅斎、闇斎の門に入る
八	一六八〇	五四	八月、妹嘉都（田付氏の妻）歿す	松永昌易歿す（六二歳）○太宰春台生る
天和 元	一六八一	五五	七月、叔父榎本無三歿す（八三歳）	
二	一六八二	五六	九月、始めて「訳文会」を設く	朱舜水歿す（八三歳）○山崎闇斎歿す（六六

三	一六八三	五七	稲葉石見守正休のために『語孟字義』『論語古義』『孟子古義』『中庸発揮』を草す○三月、維貞を維楨に改名す○八月、次男長英（梅宇）生る	歳）
貞享 元	一六八四	五八		若年寄稲葉正休、大老堀田正俊（五一歳）を江戸城に刺殺し、正休（四五歳）も直ちに殺さる
二	一六八五	五九	二月、「送浮屠道香師序」を作る○四月、門人長沢純平の請により『大学定本』を作る○この頃、「送浮屠道香師序」朝鮮に伝わる○一二月、三男長衡（介亭）生る	山鹿素行歿す（六四歳）○石田梅岩生る
三	一六八六	六〇	一一月、後妻の父瀬崎豈哲歿す	
四	一六八七	六一		佐藤直方、仁斎の「送浮屠道香師序」を弁難す
元禄 元	一六八八	六二	四月、三女トメ（敬信）生る○「論堯舜既没邪説暴行又作」を草す	
二	一六八九	六三	一〇月、亡妻尾形嘉那の母尾形妙千院歿す	

三	一六九〇	六四	四月、東涯と淀川を下り摂津に遊び初めて海を見る	
四	一六九一	六五	九月、弟進斎江戸に歿す○「読予旧稿」を草す	熊沢蕃山歿す（七三歳）
五	一六九二	六六	四男長準（竹里）生る	
六	一六九三	六七	九月、「私試制義会式」を作る	
七	一六九四	六八	五月、長堅（蘭嵎）生る○八月、始めて「制義会」をつくる	
八	一六九五	六九	二月、外祖淑母法種孺人（大須賀快庵妻）歿す	尭恕法親王歿す（五六歳）
九	一六九六	七〇	四月、七十の賀宴○九月、鳥居侯に招かれ、江州水口に赴く	大高坂芝山、『適従録』を板行して仁斎を攻撃す○小川立所歿す（四八歳）
一〇	一六九七	七一		芝山、『南学伝』を出板して仁斎を非難す○今出川公規歿す（六〇歳）
一一	一六九八	七二	西書庫を買取る	木下順庵歿す（七八歳）
一三	一七〇〇	七四		徳川光圀歿す（七三歳）○太宰春台、致仕して京阪に遊ぶ
一四	一七〇一	七五		安東省庵歿す（八〇歳）

一五	一七〇二	七六	閏八月、「送浮屠道香師序」を富小路貞維を通じ天皇に進覧す	中村惕斎歿す（七四歳）
一六	一七〇三	七七	一月、従兄伊藤道恩（正知）歿す（七七歳）○六月、『童子問』開講	奥田三角生る
宝永元	一七〇四	七八	九月、『童子問』講終る○田付常甫歿す（五九歳）○榎本甚右衛門歿す（八三歳）	
二	一七〇五	七九	三月一二日、仁斎歿す（七九歳）	村上冬嶺歿す（八二歳）○伏原宣幸歿す（六九歳）

参考文献

日本儒学史乃至日本近世儒学史を対象とする研究書には多少とも仁斎について触れるところがあるが、仁斎のみを取り扱った単行本は極めて少ない。

○単行本（＊印はパンフレットである）

竹内　松次『伊藤仁斎』（偉人史叢）　裳華房　明治二九

槇　不二夫『伊藤仁斎言行録』（偉人研究）　内外出版協会　明治四一

増沢　淑『伊藤仁斎と其教育』　明治出版株式会社　大正八

原　善『伊藤仁斎伝―附東涯・蘭嵎―』（修養文庫）　弘道館　大正八

加藤　仁平『伊藤仁斎の学問と教育』　目黒書店　昭和一五

＊中村　幸彦『仁斎日記抄』（日本叢書）　生活社　昭和二一

＊石田　一良『伊藤仁斎』（日本文化研究第五巻）　新潮社　昭和三四

○仁斎研究を含む単行本

井上哲次郎『日本古学派の哲学』　富山房　明治三五

斯文会編『近世日本の儒学』　岩波書店　昭和一四
大江　文城『本邦儒学史論攷』　全国書房　昭和一九

なお本書と次の拙稿は文部省の科学研究費の交付をうけた筆者の「仁斎研究」からの抄出とその梗概（※印の論文）である。

「伊藤仁斎の生家」　※「文化史学」第三号　（同志社大学）
「尾形光琳・乾山に関する一資料」　「史迹と美術」第一九七号
——妙顕寺蔵漆塗螺鈿経箱に関して——
「伊藤仁斎の素性」　「十方」第二八巻第八・九号
「仁斎学の揺籃」　「文化史研究」第七号　（同志社大学）
「仁斎学の形成過程」　「人文学」第二〇号　（同志社大学）
——青壮年時代の仁斎の思想と環境——
「伊藤仁斎とその詩歌」　「文化学科年報」第三号（同志社大学）
——仁斎学の心理学的源泉——
「童子問の成立」　「ビブリヤ」第一五号　（天理図書館）
——特に新発見の鎌田家本の位置について——
※「伊藤仁斎」　「歴史学」第一輯
——文化史学的研究——

著者略歴

大正二年生れ
昭和十四年京都帝国大学文学部史学科（国史学専攻）卒業
同志社大学教授、東北大学教授、東海大学教授等を経て
現在　東北大学名誉教授、文学博士

主要著書
文化史学―理論と方法―　浄土教美術―文化史学的研究―　日本の開花　カミと日本文化　日本文化史―日本の心と形―（中国版と同時出版）　The Past and the Future（英文、愚管抄の全訳と研究、共著）

人物叢書　新装版

伊藤仁斎

昭和三十五年　一月三十日　第一版第一刷発行
平成　元　年十一月　一日　新装版第一刷発行
平成　十　年　二月　十日　新装版第二刷発行

著　者　石田一良（いしだいちろう）
編集者　日本歴史学会　代表者　児玉幸多
発行者　吉川圭三
発行所　株式会社　吉川弘文館
東京都文京区本郷七丁目二番八号
郵便番号一一三―〇〇三三
電話〇三―三八一三―九一五一〈代表〉
振替口座〇〇一〇〇―五―二四四
印刷＝平文社　製本＝ナショナル製本

『人物叢書』(新装版)刊行のことば

人物叢書は、個人が埋没された歴史書が盛行した時代に、「歴史を動かすものは人間である。個人の伝記が明らかにされないで、歴史の叙述は完全であり得ない」という信念のもとに、専門学者に執筆を依頼し、日本歴史学会が編集し、吉川弘文館が刊行した一大伝記集である。

幸いに読書界の支持を得て、百冊刊行の折には菊池寛賞を授けられる栄誉に浴した。

しかし発行以来すでに四半世紀を経過し、長期品切れ本が増加し、読書界の要望にそい得ない状態にもなったので、この際既刊本の体裁を一新して再編成し、定期的に配本できるような方策をとることにした。既刊本は一八四冊であるが、まだ未刊である重要人物の伝記についても鋭意刊行を進める方針であり、その体裁も新形式をとることとした。

こうして刊行当初の精神に思いを致し、人物叢書を蘇らせようとするのが、今回の企図である。大方のご支援を得ることができれば幸せである。

昭和六十年五月

日本歴史学会

代表者　坂本太郎

〈オンデマンド版〉
伊藤仁斎

人物叢書　新装版

2020年（令和2）11月1日　発行

著　者　石田一良（いしだいちろう）

編集者　日本歴史学会
代表者　藤田　覚

発行者　吉川道郎

発行所　株式会社　吉川弘文館
〒113-0033　東京都文京区本郷7丁目2番8号
TEL　03-3813-9151〈代表〉
URL　http://www.yoshikawa-k.co.jp/

印刷・製本　大日本印刷株式会社

石田　一良（1913～2006）

ISBN978-4-642-75176-6